融合发展视角下广播电视艺术与新媒体发展研究

马　阆　著

北京工业大学出版社

图书在版编目（CIP）数据

融合发展视角下广播电视艺术与新媒体发展研究 /
马阒著 . — 北京 ： 北京工业大学出版社，2020.9（2021.8 重印）
ISBN 978-7-5639-7538-9

Ⅰ． ①融… Ⅱ． ①马… Ⅲ． ①广播电视－研究②传播
媒介－研究 Ⅳ． ① G220 ② G206.2

中国版本图书馆 CIP 数据核字（2020）第 117467 号

融合发展视角下广播电视艺术与新媒体发展研究
RONGHE FAZHAN SHIJIAO XIA GUANGBO DIANSHI YISHU YU XINMEITI FAZHAN YANJIU

著　　者：	马　阒
责任编辑：	张　娇
封面设计：	点墨轩阁
出版发行：	北京工业大学出版社
	（北京市朝阳区平乐园 100 号　邮编：100124）
	010-67391722（传真）　bgdcbs@sina.com
经销单位：	全国各地新华书店
承印单位：	三河市明华印务有限公司
开　　本：	710 毫米 ×1000 毫米　1/16
印　　张：	11.5
字　　数：	230 千字
版　　次：	2020 年 9 月第 1 版
印　　次：	2021 年 8 月第 2 次印刷
标准书号：	ISBN 978-7-5639-7538-9
定　　价：	45.00 元

作 者 简 介

马阚，女，1982 年 12 月出生，辽宁省沈阳市人，毕业于云南师范大学，硕士研究生学历，现任沈阳大学讲师。研究方向：广播电视艺术学。主持并完成省市校各级科研教改项目数十项、撰写专著与教材三部，发表论文十余篇。

前　言

新媒体技术的发展为广播电视艺术的发展带来了蓬勃的生机，新媒体的影响力日益增强，如今已成为广电行业的重要组成部分。作为最便捷、最普及的信息载体，广播电视可以通过新媒体拓展传播空间，提升自身优势，满足人们多样化的精神文化需求，促进信息产业和文化娱乐产业的发展。

全书共六章。第一章为走进新媒体时代，主要阐述新媒体及新媒体技术给传媒业带来的变革、新媒体技术与广播媒体新形态、新媒体技术与电视媒体新形态等内容；第二章为广播电视艺术的发展概观，主要阐述广播电视的发展历程、广播电视艺术的概念以及广播电视艺术的传者与受众等内容；第三章为新时期广播电视艺术的发展，主要阐述我国广播电视的宏观环境和产业环境、我国广播电视媒体的优势与劣势以及广播电视艺术在新时期该如何发展等内容；第四章为新媒体冲击下广播媒体的融合探索，主要阐述广播艺术的审美特性、新形势下传统广播媒体面临的危机以及传统广播媒体的新媒体运营尝试等内容；第五章为新媒体冲击下电视媒体的融合探索，主要阐述电视艺术的文化品格、新媒体对我国电视文化节目的冲击以及新媒体环境下电视文化节目的传播等内容；第六章为广播电视艺术与新媒体融合发展的思考，主要阐述新媒体与传统媒体的差异、新媒体技术冲击下的广播电视业以及新媒体技术在广播电视业的应用与发展等内容。

为了确保研究内容的丰富性和多样性，笔者在写作过程中参考了大量研究文献，在此向涉及的专家学者们表示衷心的感谢。

最后，限于笔者水平有限，加之时间仓促，本书难免存在一些疏漏之处，在此，恳请读者朋友批评指正！

目　录

第一章　走进新媒体时代

新媒体是相对于报刊、广播、电视等传统媒体而言的新兴媒体，以电子和网络传播为主要传播方式。新媒体技术是指依托数字技术、网络技术、移动通信技术等形成的新的传媒技术。传播技术的每一次进步都会带来媒介革命，新媒体技术更是深刻影响了传媒行业，来势凶猛的新媒体不仅对传统媒体造成了巨大冲击，还促成了媒介融合的趋势。本章分为新媒体概述、新媒体技术给传媒业带来的变革、新媒体技术与广播媒体新形态、新媒体技术与电视媒体新形态四部分。

第一节　新媒体概述

一、新媒体的定义

学界关于新媒体的定义众说纷纭，至今没有定论。例如，美国《连线》杂志把新媒体定义为"所有人对所有人的传播"。而在我国有学者把新媒体定义为"互动式数字化复合媒体"。前者侧重强调新媒体的功能特性，而后者侧重强调新媒体的技术特征。关于新媒体的定义存在着文化习惯和理解偏好的差异，在载体辨识上，新媒体与传统媒体之间实际上有着清晰的边界。相对于报纸、杂志、广播、电视四大传统媒体介质和形态，新媒体被形象地称为"第五媒体"，是新的技术支撑体系下出现的新型媒体形态。

新媒体与传统媒体的区分，并不在于出现时间不同，而在于传播方式和内容形态的不同。新媒体是指利用数字技术、网络技术和移动通信技术，通过互联网、宽带局域网、无线通信网和卫星等渠道，以电视、电脑和手机为主要输

出终端，向用户提供视频、音频、语音数据服务、连线游戏、远程教育等集成信息和娱乐服务的所有新的传播手段或传播形式，包括"新兴媒体"，也包括"新型媒体"。

二、新媒体的种类

目前我国已出现的新媒体形态有数十种。从信息传播的角度看，公众接触最多、对政府公共管理影响最大的新媒体主要有两类：一类是以互联网为信息传播载体的新媒体，简称网络媒体，如门户网站、网络论坛等；一类是以手机为连接终端的新媒体，简称手机媒体，如手机短信、手机电视、微信及微博等。随着"三网融合"技术的日趋成熟和政策的推动，新媒体的物理和内容差异日趋模糊，发展呈现出明显的融合趋势。

三、新媒体的特点

（一）超媒体性

超媒体性是指在多种媒体中非线性地组织和呈现信息。依靠数字技术对多媒介信息的整合，新媒体可以为信息使用者提供文本、图片、声音、影像等多媒体信息，这些多媒体信息同样按照超文本的方式组织。

（二）交互性

交互性是新媒体区别于传统媒体的最突出的特点。它包括两个含义：一是信息发送者和接收者之间的信息交流是双向的；二是参与个体在信息交流过程中都拥有控制权。作为大众传播媒介的报刊、广播、电视，其信息的传播具有单向性，信息反馈不方便，交互性比较差。交互性则是新媒体最突出的优势之一。数字技术使新媒体中的信息采集、制作非常简单，信息交流的参与者可以利用文本输入系统（电脑与手机键盘、书写触摸屏等）、数码相机、数码摄像机，轻易地制作、采集数字信息，有些新媒体如智能手机已经将文本输入、数码照相、摄影等信息采集技术与信息发送技术融为一体，使数字信息的采集、发送更加简易可行。网络（互联网和移动通信网络）的普及以及使用成本的降低又为人们提供了廉价的传播渠道。这就使任何拥有联网信息终端的个人可以是信息的接收者，也可以是发送者，真正实现了信息的双向交流。新媒体的超媒体性使参与者对信息交流过程具有平等的控制权，参与者可以依据自己的兴趣和需要选择性地交流信息。新媒体环境中，交流双方真正实现了信息的交互传播。

（三）超时空

历史上，每一种新媒体的出现都扩大了人类信息传播的地理范围，特别是广播、电视等电子媒体出现之后，信息可以借助电波传播至地球上的任何一个角落。新媒体利用连接全球电脑的互联网和通信卫星完全打破了地理区域的限制，只要有相应的信息接收设备，在地球的任何角落都可以接收到由新媒体传播的信息。另外，无线网络的发展，还使新媒体摆脱了有线网络的限制，用户可以随时随地地接收信息。新媒体大大提升了信息交互传播的速度，甚至实现了信息的"零时间"即时传播。

（四）个性化信息服务

新媒体提供点对点的信息传播服务，使信息传播者可以针对不同的受众提供个性化的服务。新媒体环境下，信息终端在网络中都有一个固定的地址，如IP地址、手机号、电子邮箱地址、QQ号码等，信息传播者可以根据地址确定一个或多个受众向其传播特定信息。

（五）虚拟多样性

数字化信息以比特（"0"或"1"）的排列组合来表示和传播，人们可以方便地通过调整比特的排列来修改信息，甚至制作虚拟的信息。利用各种软件，人们可以方便地毫无痕迹地修改文本、图片、声音、影像，也可以制作出过真的虚拟信息。

（六）融合性

新媒体改变了以往某类传统媒体只能提供某种单一形态信息的特点，它将各种信息形态（文本、图片、动画、音频、视频）、各种传输渠道（固定网络、移动网络、卫星），各种接收终端（电脑、电视机和手机）整合在一起，将所有的信息站点与使用不同媒介的用户互联，保证用户可以在任何地方、通过任何终端进入新媒体网络，得到直接或间接的服务。新媒体的融合性还体现在它具有超强的消解力和沟通力：消解了传统媒体各形态（电视、广播、报纸）之间、国家与国家之间、社群之间、产业之间、信息发送者与接收者之间的边界；

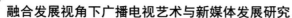

沟通了以往泾渭分明的计算机、电信、大众化传媒业。

四、新媒体对当代社会的影响

（一）积极影响

新媒体包含了各种信息传播方式，如数字杂志、数字报纸、数字广播、手机短信、移动电视、网络、桌面视窗、数字电视、数字电影、触摸媒体等。相对于报纸、杂志、广播、电视四大传统意义上的媒体，新媒体被形象地称为"第五媒体"。新媒体传播速度快，甚至已经没有了时间和地点的限制，随时随地都可以把信息发送出去，与其他共享。普通民众如今已经开始利用新媒体表达自己的意见，而政府部门也开始有意识地借助新媒体平台，疏导和化解公众情绪。新媒体使得官民能更好地接触和交流。社会公众有了更多分享信息的机会，这有助于改变政府和各类企业组织与普通民众之间缺乏沟通、信息极其不对称的状态。

（二）消极影响

相对于博客，新媒体在内容创作上有更大的自主权，内容短小，终端多样使新媒体具备了最快的发布和传播速度。但是，新媒体也不可避免地具有几乎所有 Web 2.0 网站都具有的一个通病，即信息的真实性不高，这是用户的匿名性、草根化与发布信息的"零成本"所造成的。这对于新媒体的长远发展是十分不利的。

当新媒体用户几乎零成本地发布信息时，他们往往不经筛选，常常发布一些毫无意义的琐碎唠叨，更有虚假信息混杂其中，信息过载严重。当一部分用户随意乱发信息时，其他接收信息的用户很可能会陷入混乱不堪的信息泥潭中。

第二节　新媒体技术给传媒业带来的变革

一、新媒体的兴起

随着互联网技术的发展，新媒体快速兴起。

（一）互联网颠覆了旧格局

互联网技术的发展源于军事、教育和科研的需要，随着技术的持续更新互联网技术迅速渗透到社会各个领域。互联网从产生到现在不过短短几十年，给人类的生活带来的变化却是翻天覆地的，其全球用户数量正在不断增加。互联网改变了人们的生活方式和生活状态，也推动了互联网经济的持续快速发展。

（二）对传授关系的改变

现代的互联网更加提倡和强调的是互动性与个性化，每个信息消费者同时也是信息生产者。

在以往的媒体环境中，受众通常处于被动的地位，新闻媒体控制着信息的传播渠道，新闻信息的传播过程主要体现为单向流动。随着互联网技术的发展，"受众"不再是居于被动地位的接收者，在博客、微博、微信等新媒体中，"受众"也可以成为新闻信息的收集者、编辑者和发布者，变成社交网络中的一个个"去中心化"的传播节点。在这种情况下，"受众"一词显得不合时宜，"网民"或"网络用户"能更加准确地反映出这种变化。

近年来出现的"电缆门""双开"等各种微博反腐事件，都充分体现出新媒体环境下网民的主动性。他们除了通过社交网络发表自己对公共事件的意见和看法，甚至还会组织线下活动，以对事件的发展产生影响。

（三）移动化传播成为趋势

以手机等智能终端为代表的移动媒体的爆炸性增长，标志着移动传播时代的来临。随着智能手机等移动终端的快速普及，移动设备成为人们随时随地进行信息交流的平台。

整个社会的信息接触、消费行为、社会活动更多地呈现出移动化趋势。移动媒体作为新媒体家族的重要成员，早已成为人们日常生活基本配置的一部分。截至 2018 年，中国的移动电话用户达到 15.7 亿，中国是名副其实的第一手机大国，而且在未来将长期稳居这一宝座。

随着各种移动终端和移动互联网的普及，原有的互联网生态正在被改变，"PC 互联网"已转型成为"移动终端＋移动互联网"，这一转型给互联网及其相关行业带来了翻天覆地的变化。

二、新媒体技术对传统媒体的冲击

新媒体技术对传统媒体造成了巨大冲击，对传统媒体的传播力、赢利模式、内容生产与传播等有深刻的影响。

（一）对传统媒体传播力的影响

"传播载体的数量、传播机构的数目、从业人员的数量、传输技术、传播速度等，这些硬件是构成传播力的基础。"在新媒体时代，传统媒体的传播力面临着来自新媒体的挑战具体如下。

①传播渠道日益多元化，受众对于原有媒介的依赖降低了，进而影响到传统媒体的传播力。

②新媒体技术使得每一个普通人都拥有了面向大众传播信息的能力，新媒体技术弱化了传统媒体的信息垄断的地位。归功于社交网络，发布新闻不再是记者独有的能力，双向的、去中心化的交流方式使得人人可以参与传播内容的制作。

（二）对传统媒体赢利模式的影响

长期以来，我国传统媒体的盈利模式较为单一，主要是依靠广告收入，即遵循"二次售卖"模式，将受众的注意力卖给广告商，通过收取广告费来获得市场利润。这种赢利方式要求媒体拥有较高的市场占有率，否则难以吸引广告商。

新媒体时代，媒体之间的竞争更加激烈，传统媒体占有的广告市场空间进一步被挤压。目前，传统媒体仅仅靠"卖广告"的赢利模式已不能维持其生存。

（三）对传统媒体内容生产与传播的影响

在新媒体技术环境下，传统媒体的内容生产和传播面临很多困境。如传统媒体丧失了时效性优势，职业记者对新闻资源的占有优势一去不复返，基于互联网的"民间舆论场"与主流媒体舆论场相对峙等。在严峻的形势下，传统媒体必须求新求变，以积极的姿态推进新闻内容生产和传播的创新。无论是信息生产环节还是信息传播环节，都需要适应新的媒介环境。首先是新闻传播的数字化转型，随着传播技术的提高，云计算、大数据LBS服务等新媒体技术迅速发展，如何把这些先进的技术应用到新闻生产模式中，提高内容质量和生产效率，符合新型新闻供求的标准，是当下传媒从业者需要考虑的问题；其次是实施"全媒体战略"，推进内容生产专业化与开放性相结合。将公众参与纳入专业化的内容生产中，形成专业新闻报道与公民新闻活动的融合机制与互补效应，提高新闻传播的质量。

三、传统媒体的应对策略

（一）完善知识结构

新媒体的发展让媒体环境从简单走向复杂，塑造了各媒体相互融合的局面，媒体间的界线正渐渐模糊，知识结构跨学科趋势明显。传统媒体人不仅要掌握新闻传播学等知识，还需要掌握理工科的知识。另外，还需有优秀的语言表达能力，可以流畅地与人进行交流；还要能够充分利用网络进行信息搜索、资料调查、采访等工作。因此，媒体人必须完善知识结构，把各类知识融会贯通，增强沟通能力，只有将自己塑造成复合式的媒体人才，才能适应新的媒体环境。

（二）转变经营方式

传统媒体过去采用粗糙的经营方式的原因：首先，长期以来具有的安全感使有些人员的采访态度不端正，部分人员的心理浮躁；其次，传统媒体的业务成本较大，工作中不得不有所取舍。不过以上这两点，第一点是最关键的。

传统媒体要摒弃浅尝辄止的粗放式经营，精心打造核心内容，认真做好节目策划，这样，传统媒体的内容才能不苍白粗放，才会有穿透力与感染力。

（三）提高技术能力

电子技术的进步促进了新媒介的更新换代，塑造了新的媒体模式。因此，传统媒体人要积极学习电子技术与网络技术，不断提高自己的综合素质和专业能力。

四、传统媒体与新媒体的关系

（一）传统媒体离不开新媒体

一直以来，广播、电视媒体都在运用自己的媒介平台为受众提供信息。随着科技的发展，传统媒体也开始引入新的媒介平台。有的利用互联网平台打造自己的网站，有的与手机运营商联合推出移动媒体。受众获取信息的平台越来越丰富，从传统的广播、电视平台到现在的广播网、电视网、手机广播、手机电视、移动电视、网络电视等，应有尽有。

在对互联网平台的利用上，有一些媒体走在了前列，打造出了优秀的网络平台。如中国网络电视台，是中国国家网络电视播出机构，是央视下辖的网络电视的公共服务平台；中国国际广播电台的国际在线、CRI手机广播电视、移动国际在线中英文版、中国国际广播电视网络台，也都是从央视等传统媒体衍生出来的新平台。各省市级广播、电视媒体也有自己的网络平台。如湖南卫视的"金鹰网"、江苏网络电视台、浙江网络广播电视台、浙江电视台官方网站、浙江卫视"新蓝网"等。

有些媒体还积极地与移动终端结合打造手机广播、手机电视。通信网和广电网的数字媒体也越来越多，如数字电视、IPTV、户外数字电视、公交电视、火车电视、飞机电视等。受众接收信息不再需要通过单一的广播、电视平台，人们可以选择的平台越来越多、越来越丰富。

广播、电视的覆盖范围和播出时间制约了它们的发展。在利用新媒体手段后，广播、电视媒体打破了自身固有的传播模式。人们可以通过广播网、手机广播随时在线收听广播节目，也可以选择自己喜欢的节目反复点播收听，这弥补了广播"转瞬即逝"的线性传播的缺点。点播功能让受众有了自主的选择权，而不再受时间和空间的限制。

传统媒体借力新的技术、新的平台实现了传播的数字化、多样化。从传统的单向传播变为如今的多向传播。以广播为例，广播网的直播、点播功能在弥补了广播的线性传播的缺点的同时，也增强了互动性，受众可以在网站上对节目或者主持人进行点评。手机广播则让受众可以依据个人喜好在任意时间、任意地点收听自己喜欢的节目，手机终端也为广播带来了新的受众群。广播网、手机广播最大限度地实现了广播的移动性和伴随性。电视媒体则利用新媒体平台打破了传统的时间空间限制，使人们走出家门依然可以看电视。受众除了可以对节目进行点播和点评外，也可以自己制作节目并上传与他人分享，从而增强了受众的参与性，满足了受众的多方面需求。

（二）新媒体离不开传统媒体

新媒体是以数字技术、通信技术、互联网技术和移动传播技术为基础，为用户提供资讯和服务的新兴媒体；新媒体的共同特点是融会了多种传播技术，使传播可以在更多元的方式下实现。

现在的新媒体形态除了有在传统媒体基础上发展起来的新媒体，如广播网、电视网、手机广播、手机电视等，还有搜索引擎类媒体、论坛类媒体和微博、微信等新媒体，它们也为受众搭建了获取信息的平台。受众通过新媒体平台既获取信息，又传播信息，信息的传播不再是单向的，而是多向的。

新媒体的开放性也让其内容变得混杂，每一个受众都可以分享信息，信息量虽然大，但充斥着垃圾信息。传统媒体在内容上的专业性和深度是新媒体无法比拟的。新媒体虽然具有海量的信息，但没有传统媒体所拥有的强大的编辑和制作团队。新媒体在信息内容上不得不依赖传统媒体，大量内容都来自传统媒体，通过对传统媒体内容的转载、再加工实现自身内容的完整。

五、传统媒体与新媒体的融合

（一）媒介融合的概念

媒介融合（Media convergence）一词最早出现在美国。香港学者宋昭勋认为，"Convergence"一词与大众传播真正意义上的联姻源于20世纪70年代中叶计算机和网络的发展。1978年，麻省理工学院的尼古拉斯·尼葛洛庞帝提出计算机工业、出版印刷工业和广播电影工业三大行业正在趋于重合，他用三个交叉的圆环来表达和展示其技术边界趋于重合的过程，认为三个圆环重合的地方将是发展最快的领域。在此基础上，尼古拉斯·尼葛洛庞帝认为媒介融合是指"各种各样的技术和媒介都在逐渐汇聚到一起"。

1983年，美国传播学者浦尔在其著作《自由的科技》中首次提出了"传播形态融合"的概念。他指出，媒体形态的融合正在消融各种媒介之间的边界，包括人际传播媒介和大众传播媒介，任何一种媒介都需要承载与过去相比更多的服务，与此同时，过去只能通过一种媒介提供的服务如今可以由多种媒介提供。正是基于以上现象，传统上在媒介与其提供服务之间存在的一一对应关系正在消失。他还指出，媒介发展过程中呈现出多功能一体化的趋势，从而将融合与传媒发展联系起来。

2003年，美国西北大学教授李奇·高登提出美国传媒界的媒介融合现象存在6种类型：媒介科技融合、媒介所有权合并、媒介战术性联合、媒介组织结构性融合、新闻采访技能融合、新闻叙事形式融合。

究竟什么是媒介融合？美国麻省理工学院教授浦尔和美国新闻学会媒介研究中心主任安德鲁·纳齐森分别给出了不同的定义。浦尔认为，媒介融合就是各种媒介呈现出一体化多功能的发展趋势。从本质上说，融合是不同技术的结合，是两种或更多种技术融合后形成的某种新传播技术，由融合产生的新传播技术和新媒介的功能大于原先各部分的总和。安德鲁·纳齐森认为媒介融合是"印刷的、音频的、视频的、互动性数字媒体组织之间的战略的、操作的、文化的联盟"。浦尔强调了不同媒介形态的融合以及由此带来的媒介的功能和服务融合，而安德鲁·纳齐森则强调了不同媒介之间的合作模式。

随着计算机技术、互联网技术的发展，西方学者对媒介融合的研究角度日渐丰富和多元，在诸多研究角度中有技术融合的角度、媒介所有权的角度、媒介文化融合的角度、媒介组织结构融合的角度、采编技能融合的角度等，相关研究的角度已经触及了与媒介发展相关的各个层次和角落。

关于媒介融合的概念，我国学者也从不同的角度进行了探索。陈浩文认为，媒介融合的概念具有广义和狭义两个层面的内容，狭义层面是指多种媒介形态融合在一起后产生质变，形成一种新的媒介形态；广义层面则范围很大，一切与媒介相关要素的结合、汇集和融合，包括媒介形态、媒介功能、传播手段、所有权、组织结构等诸多要素的融合。如果说广义的媒介融合是一个从低级到高级演进的过程，那么狭义的媒介融合则是发展的最高阶段。

丁柏铨教授认为，媒介融合是由网络新媒体及其相关因素所促成的不同媒介之间在诸多方面相互交融的状态。媒介融合有三个层面的内容：一是工具层面，媒介作为信息传播工具，其功能相互交融，这是媒介融合的基础；二是业务层面，即业务层面的融合，包括传播业务和经营业务，新闻从业者需要掌握不同媒介传播的操作技能，媒介经营要在机构设置、资本运营等方面有所整合；三是意识层面，面对媒介融合的现实，媒体从业者需要做出努力和调整来适应新的形势，要从客观规律上对媒介融合进行探讨、认识和把握。

蔡雯教授认为，媒介融合是指在以数字、网络和电子通信技术为核心的科学技术的推动下，组成大媒体业的各产业组织在经济利益和社会需求的驱动下，通过合作、并购和整合实现不同媒介在内容、渠道和终端等方面融合的过程。媒介融合的内容有三个维度：一是内容融合，在数字技术形成了跨平台和跨媒体的背景下，不同媒介的内容能够成为适用于多个平台传播的融合产品；二是渠道融合，不同传播渠道之间的融合和互联互通；三是终端融合，媒体终端能够整合多种媒介功能，用户可以方便地访问开放信息平台从而获得信息和服务。

清华大学熊澄宇教授归纳了三类媒介整合形式：第一类是"指所有的媒介都向电子化和数字化这一种形式靠拢"；第二类是指包括"传媒文化形态的整合，传播系统的整合和传媒公司所有权的整合"等在内的媒介大整合；第三类为"媒体业务和媒体本身的融合、规制和控制的融合、用户对媒体的互动使用与参与的融合等为一体的整合"。

复旦大学孟建和赵元珂认为，媒介融合有两种表现形式：一种是在传媒之间的跨媒体整合与并购，如组建大型的跨媒介传媒集团；二是媒介技术的融合，将新的媒介技术和旧的媒介技术联合起来形成新的传播手段，甚至是全新的媒介形态。

刘颖悟和汪丽认为，媒介融合是指由于数字化、网络化技术的推动而出现的不同媒介之间的边界模糊甚至消失的现象和过程，其内涵包括技术融合、业务融合、所有权融合和政府规制融合四个方面。

尽管媒介融合的概念已被广泛提及，媒介融合的实践也在普遍开展，然而传媒业界和学界对媒介融合的质疑也从未间断。有学者认为，媒体不是在融合，而是在分化。技术、受众口味、社会环境的变迁，促使传媒品类分化，从而满足不同细分市场的需求；而媒介融合会让媒体在其他方面做出妥协，这样就弱化了各自的独特性和优势。

这似乎是一对矛盾：一方面媒介之间呈现出"不分彼此"的融合状态；另一方面，同一种类的媒介针对细分市场也在不断分化，呈现出丰富多彩的媒介形态。从媒介演进的历程看，融合和分化是媒介形态变化的两大逻辑，它们共同决定着媒介演进的方向。首先，合是为了更好地分。媒介融合并非抹杀媒介之间的差异性，而是在保证媒介产品的多元化和多样性的基础上，将内容生产集合起来，通过规模经济和范围经济降低成本。融合只是手段而不是目的，合是为了更好地分，通过融合达到更高层次的多样化，这才是媒介融合的终极目标。其次，分是为了更有效地合。随着媒介市场的细分，受众（或用户）的注意力资源也在分散，媒介通过不断分化来搜集受众（或用户）的注意力，获取各个媒介细分市场上的资源，从而形成在整体媒介市场上的"合力"。

传统媒体是以信息形态为依据的，报纸是传播文字的媒介、广播是传播声音的媒介、电视是传播声音和影像的媒介，当然报纸、广播、电视内部又细分为针对不同市场的媒体。数字化技术和网络技术为传统媒体提供了开拓其他市场空间的机会和能力，因此传统媒体热衷于媒介融合正是为了能够涉足所有的细分市场，并在此基础上形成影响力。

由于语境、研究视角、视野以及立场不同，学者们对媒介融合的界定和认识也有很大差别。综合以上国内外学者对媒介融合的理解和认识，可以将媒介融合理解为在数字化、网络化等技术因素以及政治、商业、文化等多重因素的共同作用下，媒介之间出现的多层次、多方面的相互交融的状态。首先，媒介融合的背景和动因是多元化的，媒介融合不仅是技术驱动的结果，也是政治、商业、文化等因素共同作用的结果；其次，媒介之间的交融是多层次的，宏观层面包括媒介规制融合、行业融合，中观层面包括媒介渠道融合、所有权融合、技术融合、终端融合，微观层面包括内容生产融合、组织结构融合等；最后，媒介融合消融了媒介载体之间的差别，以载体或渠道为区分的媒介分野将受到挑战，媒介形态和功能出现趋同。

（二）广电媒体融合的概念

传媒技术的发展使得媒介融合的生态环境不断形成和完善，媒介融合现象已经成为当前媒体行业的发展趋势，传统广播电视媒体的转型成为必然。广电媒体是广播电视媒体的简称，广播电视媒体融合是指以传统媒介为核心，以新媒介环境下的数字化、网络化技术为基础，逐步向多渠道传播方向转变，并与新媒体逐步融合的过程。广播电视媒体融合还需要构建开放化的信息平台，以支撑其多元化的信息传播服务。

（三）广电媒体融合的生态逻辑

1. 广播电视媒体融合的动因逻辑

根据我国新媒体环境的特点，广播电视媒体融合的主要动因逻辑包括传统渠道贬值、用户习惯改变、营销模式转型等方面。首先，由于传统渠道在新媒体环境下得以借助数字技术进行资源的高效利用，因素媒体数量极大增长，再加上新媒体造成的行业压力，传统媒体渠道贬值是必然的。其次，随着互联网的功能不断完善，用户的行为习惯发生了巨大的改变，大量的服务需求得以在智能终端得到满足，信息化时代人们逐渐降低了对传统媒体的依存度。最后，营销模式转型，市场经济环境中的营销会随着人们习惯的改变而改变，进而寻求受众使用最为广泛的渠道进行营销。综合以上几点动因，传统媒体面临着极大的生存与发展困境，要彻底改变不容乐观的发展状态，就只有选择与新媒体进行有效融合，这样才可以在新媒体环境下继续生存与发展。

2. 广播电视媒体融合的行为逻辑

除了技术角度的转变与提升外，广播电视媒体融合也遵循了政治、经济、文化等行为逻辑。首先，从政治方面看，广播电视媒体的发展之于国家政治而言，是极为必要的存在，广播电视媒体有着必然的社会责任与公共服务功能，但在新时期三网融合背景下，加强对舆论的引导与健康信息的传播力度，是发挥其社会功能的基本要求；其次，从市场方面来看，市场经济环境决定了新的技术出现并被市场接受是一个适应的过程，在新技术被接受并对市场发展产生影响后，广播电视媒体的发展亦应保持与新技术同步；最后，从文化方面看，由于互联网最大的特点在于开放性，而传统广播电视媒体有着突出的封闭性特点，对于广大民众而言，开放性的文化环境更能与自身需求相匹配，而广播电视媒体为了迎合民众文化转型的需求，也必然应重视与新媒体的有效融合。

（四）媒介融合与广电媒体融合的关系

1. 媒介融合是广电媒体融合的基础

媒介融合的过程完成了传统媒体时代信息与载体的数字化、网络化转变，而广播电视媒体融合正是基于此前提才走向良好融合状态的。随着新媒体环境下基于数字技术的信息与载体逐渐分离，媒介的地位开始发生转变，为了更好地适应数字化时代与网络化时代用户的需求，媒介融合逐步开始实施和发展。而广播电视媒体与新媒体的融合正是在这种基础上进行转变的。

2. 广电媒体融合是媒介融合的发展阶段

媒介融合的过程就是从物理层面实现各种媒介之间的信息、渠道、技术等的融合，在这一过程中，会出现多种复杂的转变，而广播电视媒体融合正是媒介融合向全媒体转变过程中的一个阶段。因广播电视媒体融合而实现的广播电视媒体与新媒体之间的密切关系，彻底改变了广播电视媒体的固有模式，使其向着更加高级的层次发展，而当广播电视媒体融合不断深化发展后，媒介的融合也会随之达到一个新的发展高度。

3. 广电媒体融合发展是新时期的必然选择

新时期我国媒体环境的多元化特点决定了媒介融合的必然趋势，而广播电视媒体，也只有选择与媒体环境相适应的融合策略，才能实现自身的功能与价值，因此广播电视媒体融合发展是新时期的必然选择。

选择融合发展策略不仅能够为广播电视媒体带来更广泛的受众、带来更多的经济效益，广播电视媒体更能够实现自身发展的飞跃与升级，新时期的信息化背景使得广播电视媒体只有选择融合发展道路，才能继续生存与发展，才能实现其社会价值与功能。

第三节　新媒体技术与广播媒体新形态

一、数字广播

数字广播是指将数字化了的音频信号、视频信号以及各种数据信号在数字状态下进行各种编码、调制、传递等处理。同时，数字广播也是一项有别于人们传统所熟知的 AM、FM 的广播技术，它通过地面发射站，以发射数字信号达到广播以及数据资讯传输目的。随着技术的发展，除了传统意义上的音频信号外，数字广播还可以传送包括音频、视频、数据、文字、图形等在内的多媒体信号。就世界范围看，数字广播已经进入了数字多媒体广播的时代，受众通过手机、电脑、便携式接收终端、车载接收终端等多种接收装置，都可以收看到丰富多彩的数字多媒体节目。目前，国际上几种发展较为成熟的数字广播有数字声音广播（DAB）、数字多媒体广播（DMB）、数字调幅声音广播（DRM）和数字卫星声音广播。

（一）数字声音广播（DAB）

数字声音广播（DAB）是以数字技术为基础，采用先进的音频数字编码、数据压缩、纠错编码以及数字调制技术，对广播信号进行系列数字化的广播，具有抗噪声、抗干扰等优点，且不受多重路径干扰的影响，以保证高品质的声音效果。它提供 CD 级的立体声音质量，信号几乎零失真，特别适合播出古典音乐、交响音乐、流行音乐等，受到专业音乐人、音乐发烧友和音响发烧友的大力追捧。当前，国际上共有三种 DAB 系统。

1. 欧洲的尤里卡 147-DAB 制式

1988 年 9 月，欧共体在世界无线电行政大会上首次进行了尤里卡 147-DAB 的试验，音质与 CD 相同。尤里卡 147-DAB 制式已于 1995 年标准化，它是一种典型的 DAB 系统，除欧洲外，在世界上其他一些国家和地区也得到一定的发展，如在加拿大、新加坡、澳大利亚等国，DAB 都得到了广泛的应用。

2. 美国的带内同频（IBOC）DAB 制式

这种制式的优点在于，在现有 AM 和 FM 发射设备的基础上，增加少量设备和少量投资，就可实现数字音频信号与原有模拟广播信号的同一频道发射。这样一方面保留了原有的模拟系统，另一方面又不需要为 DAB 业务准备新的频率规划，达到了频率复用的目的，节省了频率资源。

3. 日本的单套节目 DAB 方案

日本的 DAB 是在地面数字电视 DTV 的基础上发展起来的。该方案最大的意义在于，可根据广播信息的容量灵活确定系统带宽，占用频带较窄，节省频带资源。

（二）数字多媒体广播（DMB）

数字多媒体广播（DMB）是在数字声音广播（DAB）的基础上发展起来的面向未来的新一代广播系统。与数字声音广播（DAB）不同的是，数字多媒体广播（DMB）不再是单纯的声音广播，而是一种能同时传送多套节目、各种数据业务的广播。它充分利用了数字声音广播（DAB）的技术优势，在发送高质量声音节目的同时，还可提供影视娱乐节目、智能交通导航、电子报纸杂志、金融股市信息、互联网信息、城市综合信息等可视数据业务，被广泛应用于公交车、出租车、轻轨、地铁、火车等。

数字多媒体广播（DMB）最突出的优势在于可实现高质量的数据传输。这是因为它将各种信号在数字状态下进行编码、调制、传递等处理，不但可以方便地进行各种数值运算和逻辑编码运算，而且由于数字信号只有"1"和"0"两种状态，所以类似噪声、非线性失真等干扰均不能改变其数字信号的品质。

（三）数字调幅广播（DRM）

数字调幅广播（DRM）始于 20 世纪 20 年代，其工作频段为 150 KHz ～

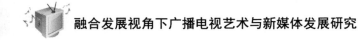

30 MHz，因此，调幅广播又称为 30 MHz 以下的广播方式。

将数字技术引入调幅广播，极大地弥补了调幅广播固有的抗干扰能力差、音质一般的缺点。因而，越来越多的广播电台、广播网络运营商、广播产品制造商启动了自己的 DRM 实施计划。

（四）数字卫星声音广播（DSB）

数字卫星声音广播（DSB）指用卫星来传送数字声音广播（DAB）。20 世纪末，经国际电信联盟认可的世广卫星集团推出的卫星数字音频广播系统登场亮相。这套系统由亚洲之星、非洲之星和美洲之星三颗地球同步卫星，广播上行站，数字接收机及地面控制运营网组成。它向全球直接播放数字声音广播，覆盖面超过 120 个国家，在音频广播领域独具魅力。

与传统广播相比，数字卫星声音广播（DSB）不仅音质纯净、覆盖面积更大，更特别的是它可根据播出广播节目音质的需要从最经济的角度来选择播出带宽，其节目带宽选择和编排可轻而易举地完成。如一般的声讯播出，可选择 16 kb/s 乃至 8 kb/s；CD 盘音乐节目播出，可选择 128 kb/s。

二、网络广播

网络广播，亦有人称之为"在线广播"，指数字化的音频视频信息通过互联网传播的新媒体形态。在全球数字化、网络化、信息化的背景下，广播的生存与发展将面临新的机遇和挑战。正因如此，近年来广播电视媒体在互联网上建立大量 Web 站点，并将自身拥有的音频、视频信息资源优势与网络传播的优势结合起来，以新技术和新手段扩大传播领域和范围，力求争夺受众市场。

从技术上说，网络广播是一种流媒体。流，也叫"流式"或"串流"，指一种传输数据和信息的方式。采用这种方式，数据能够用稳定的速率从发送端传输至接收端，而接收端可以在发送端尚未完全传输完毕前开始处理这些数据和信息，这特别适合于实现网络广播。因为因特网的带宽有限，传输数据较慢，特别是对广大的拨号用户而言，若要将一个小时的声音文件从网上下载到本地计算机，可能需要花费远超一个小时的时间。采用流式技术传输数据，可以让计算机一边接收，一边处理，节约时间和储存空间。因此，人们把网络上传送、播放的音频、视频节目和多媒体文件形象地称为"流式数据"，把通过网络传输的音频、视频或多媒体文件称为流式媒体文件，简称为流媒体。

与传统的下载方式相比，流媒体具有明显的优势：首先，它不需要将全部文件数据下载，大大缩短了用户的等待时间；其次，流文件的数据量往往小于原始文件的数据量，而且用户不必将全部流文件下载到电脑硬盘，从而节省了大量的空间。

以流媒体为传播形式，网络广播的运作方式是，传播者在互联网站点上建立广播服务器，在服务器上储存音频节目，运行节目播送软件；受众通过自己的计算机连接这些站点，借助相应的接收软件，收听、收看和阅读广播信息。因此，网络广播的播出不需要占用卫星频段和频率资源，但其播出效果要受到网络带宽的影响。由于数字化信息排列的无序性，网上广播节目具有无限次的复制与组合功能，从而彻底消除了广播媒体在时间上的强制性，使受众真正实现非线性收听。

三、手机广播

所谓手机广播，就是利用具有收音和上网功能的手机收听广播。目前，根据手机广播的实现方式，大致可将其分为三类：一是通过移动通信网络实现，即基于目前3G、4G以及5G的通信网络，实现广播节目的实时、延时收听或点播；二是基于广播网与通信网的融合，即通过广播网实现广播节目的下传，通过通信网络实现用户信息的回传，从而实现手机用户收听广播节目；三是在手机中内置FM广播调谐器，用手机可以直接收听电台广播节目。

2003年，我国首次出现了手机广播业务，根据手机广播技术的实现方式，其业务形态主要有以下三种。

（一）语音服务方式

语音服务方式是指传统广播电台与电信运营商合作，实现广播节目的付费收听。其中，前者主要负责提供广播节目，作为内容提供商参与到手机广播的产业链中；后者主要负责提供传输网络，进行节目内容的下行传输以及用户信息的上行回传。语音服务方式的手机广播作为一种电话增值信息业务，成为电信运营商新的利润增长点，同时也扩充了电台广播节目的收听方式，为喜爱收听广播的用户提供了新的收听途径。

（二）网络广播电台方式

网络广播电台是指手机用户通过在手机终端上安装相应的客户端软件，利

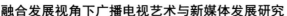

用移动通信网络接入互联网，实现广播节目的实时收听或者点播收听。在这一业务方式中，电信运营商负责提供传输网络，进行节目内容的下行传输以及用户信息的上行回传；广播电台作为内容提供商负责提供广播节目；网站作为服务提供商负责广播节目的分类与整合。除了能够收听传统的新闻、娱乐、体育等广播节目，用户还可以进入播客网站，分享自己或他人制作的音频播客等内容。目前，通信网络即可实现广播节目高品质、流畅地收听。

（三）移动多媒体广播方式

移动多媒体广播是指通过移动多媒体广播网络实现手机终端广播节目的传输，用这种方式传输的广播节目速度快、质量高，但是需要手机终端装有广播网络的接受芯片。目前，这一方式主要依靠多媒体广播网络来实现，通过该网络，手机用户可以实现中央台、国际台、省1台和市1台共四个广播频率的实时收听。此外，采用移动多媒体广播方式的手机广播，其节目的传输不走移动通信网络，故不会产生数据流量费用，用户只需交纳一定的节目包月费用，就可以实现收听，费用相对来说较为低廉。

四、新媒体对广播媒体形态的影响

在当前复杂的媒体环境下，数字化、碎片化和互动化等形态成为信息传播的新特点。互联网的发展带来了各种社交媒体，改变了受众需求习惯和信息传播方式，对传统媒介的生存发展产生了很大的影响。新媒体的发展将媒介环境打造得更加自由、开放，在一个全民参与度更强的媒介背景下，媒体行业的门槛也在不断降低，广播的便捷性、低成本性已不再是独特优势，网络平台逐渐成为大众获取信息的首选平台。广播媒体形态在新媒体的影响下具有以下几个特点。

（一）广播媒体接收终端的多元化

传统的广播媒介受到受众接收终端的限制，将受众收听广播的方式限制于收音机、车载广播等途径，而在新媒体平台的带动下，广播媒体已开始摆脱接收终端的限制，从单一的收音机向手机、互联网等媒介形式发展，各种广播APP的出现将受众收听广播变得更加简单、便捷。新媒体的发展将广播与移动终端相结合，扩大了广播的信息传播范围和受众群体。

（二）广播媒体传播内容的个性化

大数据时代下，各种媒介的制作内容更加趋向于个性化和定制化，广播媒体的内容制作面临变革，广播内容不再拘泥于新闻报道，而是将音频内容进行定制化制作。如今移动电台的兴起为广播媒体的内容形态注入了新的活力，根据用户的需求推送定制化的音频内容成为当今广播媒体的一种新形态。各大电台在内容制作上更具专业性和特色性，让用户在接收广播内容的选择上更具个性。

（三）广播媒体传播场景的普适性

随着人们生活节奏的加快，让用户定时定点地收听广播已不再成为可能，人们获取信息的形式都追求碎片化和有效化，利用碎片化时间和普适性场景为受众提供信息的有效传播成为媒介的发展方向。新媒体背景下的广播节目依托互联网的发展，突破了广播线性播放的限制，受众可以依据自身需要自行选择收听时间和内容，可回播、可自定义搜索，实现对碎片化时间的高效利用。

五、广播媒体在新媒体环境下的转型之路

新媒体的兴起，给传统广播带来了前所未有的挑战。但是，新媒体的发展也为传统广播的触角延伸带来了机遇。面对冲击，广播只有依托新媒体，进行形态的重构，才能抓住新的发展机遇。那么怎样才能进行形态的重构呢？在新媒体时代下，广播采取的媒介融合策略就是一种形态的重构，即将广播与多种媒介进行融合。

广播媒体要发展，与传统媒体融合是一条路径，通过让广播变得"可见""可视"，来满足受众需求。这其中就是可以以电视为传播平台，实现在电视上收听广播节目。这样的形式更符合观众的收听收看习惯，同时利用电视的有线电视发射，提升了传统广播的发射带来的音质，实现了技术层面的拓宽和融合。同时，要与移动端相结合。移动媒体的携带便利性正是广播媒体所缺少的。而与手机这样的移动媒体相结合，既能更深层次地挖掘手机媒体的社会价值和传播价值，又能体现出个性化的传播特点。尽管此方式目前还存在一些缺陷，但毫无疑问未来将成为广播转型中媒介融合的一大重点。

（一）媒介形式多媒体化

广播媒体应不断创新媒介组合形式，在互联网＋广播的形式下，不断拓展

新的具象化的多媒体传播形式。将文字、图片甚至视频与广播相互融合，增强广播的画面感，让受众拥有更好的广播接收体验，这样才能留住用户。好的用户体验才能带来强大的受众群体，广播媒体应向可视化方向不断迈进，利用优势资源拓宽市场空间。

（二）在媒体形态上与自媒体融合

年轻用户是当今媒介发展过程中不可忽视的受众群体，这意味着广播媒体应积极走向网络化，与新的互联网形式进行融合。在全民皆媒体的时代，广播媒体应在自媒体广播方面开辟创新之路，挖掘来自大众的媒体力量，获得广播媒体发展的新方向，制作出更具生活化的节目内容。

（三）增强时效性

新媒体时代下的信息具有快速传播的特性。广播媒体在内容制作方面应充分发挥时效性优势，利用微博、微信等信息汇聚平台的资源优势对信息进行整合和二次发布，让广播媒体的受众感受到高质量信息内容的输出，实现信息传播的价值最大化。

（四）拓宽传播渠道

对于广播媒体而言，只做好内容制作是不够的，还应拓宽传播渠道，利用多渠道的传播路径扩大传播范围，获得节目的有效传播。广播媒体可在社交平台上开设公共账号以吸引年轻受众，同时加大与网络主播或名人的互动，通过粉丝或受众的自主分享获得预期的宣传效果。

在新的媒体环境和受众心态的影响下，作为传统媒体的广播媒体应认真分析当前媒体格局，将自身核心优势进行汇总，和新媒体不断融合，发挥自身特色并优化节目形态，打造广播媒体品牌，制作出更加优质的广播媒体内容。

第四节　新媒体技术与电视媒体新形态

一、互动性电视媒体新形态

新媒体出现之前，电视一直作为大众传媒领域的宠儿，以"舍我其谁"的姿态呈现在人们面前，其独特的传播优势使之自一诞生就在大众传媒领域独占鳌头。然而，近几年新媒体技术的发展使电视逐渐黯然失色，新媒体的海量信息、互动性、即时性、超链接功能等都使传统的电视媒体相形见绌。在这样的背景下，与新媒体联姻，吸收其传播优势，走融合发展之路，创新电视媒体传播形态就成为电视媒体应对冲击的必走之路。目前，已经有为数众多的国内电视媒体开始打造自己的网站，视频流媒体，网络直播、网络点播电视节目大量出现，许多电视栏目也在积极利用网络改版，寻求新的生机。

事实上，从长远角度讲，传统媒体走向新媒体也是两者实现共赢的必然选择。新媒体发展的最终结果将是传统媒体平台与新媒体平台的完全融合、互动，从而创造出更大的价值和更长的产业链。数字技术、网络技术和通信技术的不断进步，必然会营造出新的技术环境，创造出更多被称为新媒体的媒体形态，相应地，广电领域也会产生更多新的传播形态。

在模拟电视时代，观众只是电视媒体的被动接受者，被动地服从于节目时间和节目内容的安排。互动性电视媒体的出现，让观众在真正意义上成了电视的主人，实现了个性化收看。

作为互动性电视媒体的典型形态，数字电视在信息编码方式、声像质量、存储控制、频谱资源利用、交互传播等方面都远远超出了传统模拟电视。更具体地说，通过数字电视，用户不仅能够收看到更多音画效果更好的电视节目，还可以实现节目定制收看、节目回看、节目点播。这大大突破了传统电视媒体的线性传播方式。

IPTV 则是当前另外一种典型的互动性电视媒体，它是电信行业和广电行业两大领域的融合性业务，同时也是 IP 终端与 TV 终端相结合的产物。最大的特点就在于其高度的互动性以及赋予用户的更大自主权和选择权。在数字电视的基础上，IPTV 在让用户自由选择广播电视节目内容、类型及观看时间的同时，还允许用户接入互联网，实现浏览网页、电子邮件的收发、语音服务及电子商务等功能。

网络电视融合了多种技术，如多媒体通信技术、视频编解码技术、流媒体技术、内容分发技术、数字版权管理技术等。从技术的角度来看，它与 IPTV 的技术原理多有相似，但更强调将 PC 作为收看电视节目的终端。

除了依托互联网的电视媒体新形态外，手机电视也是新媒体技术应用于电视媒体领域的一种重要形态。与数字电视、IPTV 和网络电视相比，手机电视在技术层面还需要解决诸如编解码方式、传输方式、技术标准等一系列问题。

随着技术的进步，电视观众对文化娱乐消费的需求和要求也不断升级。互联网宽带用户急剧增长，用户需求呈现出多元化的发展趋势，他们迫切渴望传统电视媒体也能够具有良好的互动性。互动性电视媒体的出现恰好满足了用户的这种需求。

新技术和新兴媒体形态均在很大程度上创造着需求和市场，催生出新的商业模式和市场空间。全球范围内媒介融合的大背景也为电视媒体新形态的发展注入了动力，由此带动各相关产业的融合，大众传媒产业、电信产业、传统家电产业等的融合和重组也越来越广泛。互动性电视媒体必然将成为新兴媒体群中的热点。

（一）数字电视

数字电视（Digital TV）又称为数位电视或数码电视，是指从演播室到发射、传输、接收的所有环节都使用数字电视信号，或对该系统所有信号的传播都是通过由 0、1 数字串所构成的二进制数字流来传播的电视类型，与模拟电视相对。

数字电视的研究起步于日本对高清晰度电视的研究，早在 1972 年日本就提出了 HDTV 的设计方案；1988 年，日本用高清晰度电视系统成功地对汉城奥运会进行了实况转播；1994 年起用高清晰度电视试播，深受广大用户欢迎。

随后，基于数字电视市场的考虑，欧洲设计了一条从 MAC、HD-MAC 逐步过渡到 HDTV 的道路，1979 年第一个"图文电视"系统在伦敦开通；1985 年美国电信公司（IBT）推出综合数字通信网络，向用户提供话音、传真等电视终端业务。此后，美国也意识到 HDTV 潜在的市场前景，开始致力于 HDTV 的研究，提出了全数字高清晰度电视的方案，并采用先进的科学技术实现了普通电视向数字电视的过渡。

在未确定本国标准前，我国一直使用欧洲 DVB 标准。2000 年，发改委、科技部、信息产业部、国家新闻出版广电总局等组成国家数字电视领导小组，决定自主制定中国数字电视地面传输标准。2001 年起，广播科学研究院研制的 TiMi 方案、清华大学和凌讯科技的多载波方案（以下简称"清华方案"）与上海交大的单载波方案（以下简称"交大方案"）以及电子科技大学提出的方案等多个标准均参与到数字电视地面传输标准的角逐中。经过几年的标准优劣争论，2004 年 8 月，中国工程院评估认定清华方案和交大方案各有所长，不可替代，确定国标在二者融合基础上产生。2007 年 8 月 1 日，中国的 DTMB 标准在内地和香港正式实施，由此形成了世界上第四个数字地面电视标准。

除数字电视的传输标准外，数字电视机的研发也与数字电视的进步相伴而行。随着美国、欧洲、日本、韩国和中国陆续开播数字电视和强制执行模拟电视的终结，数字电视机市场迅速崛起。新一代的数字电视机主要向数字电视一体机、大屏幕数字电视、互联网数字电视、支持更丰富的互联接口等方向发展。

与传统电视相比，数字电视在信息编码方式、声像质量、实现储存和控制、利用频谱资源、交互方式等技术要素上都远远优于传统电视。

1. 信息编码方式

数字电视与模拟电视最本质的区别就在于采用了不同的信息编码和解码方式。模拟电视传播的信号是随时间连续变化的电压或者电流，图像的明暗变化或者声音的大小都是以电压或电流的大小来表征的。而数字电视传输的是不连续的 0、1 脉冲信号，图像的明暗和声音的大小信息都以 0、1 的排列组合来表达。因此，与模拟电视相比，数字电视信号更加稳定。

2. 声像质量

模拟电视的信号在传输过程中很容易受到干扰，导致成像效果和音响效果差；而数字电视信号在传输过程中不会产生噪波、失真累计，且便于检错和纠错，抗干扰能力强。

3. 实现存储和控制

模拟电视信息的接收是线性的，受众只能按照时间顺序依次收看节目，节目的存储也需要专门的设备，比如录像机。数字电视传输的是数字信号，便于用户按自己的时间控制节目的播放和存储。

4. 利用频谱资源

数字电视信号采用数字编码方法，并经过数字压缩后传输，因此，所占的带宽非常小。在同样的带宽条件下，模拟电视可以传输 70 ～ 80 套节目，而数字电视可以实现高达 500 套节目的传送。因此，数字电视的内容是极丰富的。

5. 交互方式

数字电视具有双向传输网络，数字电视的信号更容易实现加密、解密，便于控制节目的播放，能为用户提供更加个性化的信息服务。受众有了主动选择

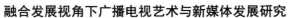

的权利，而无须再被动地收看电视节目，满足了用户的个性化需求。

（二）IPTV

IPTV 的业务架构大体上可分为三个部分。

①前端系统。主要包括内容处理系统和业务管理系统，为 IPTV 业务内容的输入、编码、转换、存储、管理提供支撑平台，其关键技术主要是音视频编解码技术和数字版权管理技术。

②传输系统。主要是指 IPTV 的承载网络，负责为语音、视频、数据等信息流在前端系统和终端接收系统之间交互传输提供渠道，主要由城域骨干网、接入网、内容分发网等构成，其关键技术包括组播路由技术和内容存储分发技术。

③终端接收系统。负责接收、发送音视频和数据流，可以是传统电视 +IPTV 机顶盒，也可以是电子计算机，还可以是拥有 3G、4G、5G 功能的手机。该系统进行接收、发送音视频和数据信息的前提是能够正确解码，所以，解码技术是终端接收系统的关键技术之一。由于目前国家和运营商推广的主流 IPTV 终端还是传统电视 +IPTV 机顶盒，因此，机顶盒技术也成为解码技术的关键。

1. 音视频编解码技术

IPTV 最重要的业务就是传输大量的视频数据，而在网络资源紧张、带宽相对不足的情况下，既能高质量地传输视频数据，又能最大限度地利用有限带宽和传输网络，对 IPTV 业务的顺利开展非常重要，因此，音视频编解码技术就成为 IPTV 业务的关键技术。

目前，音视频编解码技术有很多种，已经成为国际标准的主要有 MPEG 系列、AVS 等。MPEG 技术最早由国际标准化组织和国际电工委员会（ISO/IEO）成立的活动图像组研发，几经更新，现已形成包括 MPEG-1、MPEG-2、MPEG-4 在内的 MPEG 系列压缩编码技术。其中，MPEG-2 属于第一代信源标准，是目前发展最成熟、应用最广泛的视频压缩编码技术，但其压缩效率低，且不利于传输。

IPTV 的音视频编解码技术主要是 MPEG-4 以及由此延伸而来的 H.246 技术和 AVS 技术，这些技术都属于第二代信源标准。MPEG-4 不同于 MPEG-2 将音频和视频分别进行压缩编码的方式，而是将一个场景的音频和视频进行综合考虑，对不同主体采用不同的编码方法，之后在编码器端进行重新组合，大幅提高编码效率的同时也增强了传输的灵活性和交互性。H.246 是 MPEG-4 的第十部分，采用了多项改进技术，与 MPEG-4 相比最多能节省 50% 的码率，并且引入了 IP 包的编码机制，更有利于网络分组传输。AVS 是我国自主研发、具有自主知识产权的音视频编解码技术标准，采用的技术框架与 H.246 类似。

2. 数字版权管理（DRM）技术

数字版权管理技术是 IPTV 前端系统中业务管理系统的关键技术。它是为保护音视频及其他信息的知识产权而研发的管理系统。其基本原理在于：运营商在内容制作阶段将相关版权信息嵌入包括音视频在内的信息内容中并进行加密，当需要验证某个内容的合法性时，再将嵌入信息进行解密，进行版权信息的对比。

目前在 IPTV 业务中使用最为普遍的数字版权管理技术是数字水印技术。所谓数字水印，是指使用一定算法或程序，将一些标志信息（即数字水印）嵌入数字内容载体（包括音视频、文档等），达到确认版权归属或追踪侵权行为的目的。数字水印通常隐藏在内容载体中，不影响内容的使用价值，也不易被用户察觉。

3. 组播路由技术

组播路由技术是 IPTV 传输系统的关键技术之一。组播又叫多播，是 IP 网络数据传输的三种方式之一，另外两种分别是单播和广播。单播可以在数据发送者和接收者之间实现点对点的网络连接，但在带宽一定的条件下，往往容易造成网络拥堵；广播是一点对多点的数据传输方式，但适用范围小，只在本地子网内有效。组播结合了单播与广播的优势，既能在大范围内应用，又能进行点对多点的数据传输，提高了数据传输效率，减少了网络负载，从而降低了骨干网络出现拥堵的可能性。

4. 内容存储分发技术

内容存储分发技术是 IPTV 传输系统的另外一个关键技术，分为内容存储技术和内容分发网络技术两部分。

（1）内容存储技术

内容存储技术在 IPTV 兴起之前就应用于互联网中，但是由于 IPTV 业务对内容存储的空间、质量提出了更高的要求，基于 IPTV 业务的内容存储技术

便成为 IPTV 发展的重要前提。IPTV 要求内容存储技术既要尽可能节约带宽资源，提高资源的利用率，又要具备高效可靠的管理控制能力以及良好的兼容性和扩容性。

（2）内容分发网络技术

内容分发网络（CDN）是专门为大规模、高质量地分发多媒体内容而建立的网络，目的是提高用户响应速度，减小 IP 骨干网络的传输压力。同内容存储技术一样，内容分发网络技术也存在于 IPTV 产生前的互联网之中，IPTV 兴起后，对网络内容分发技术提出了更高的要求。随着 IPTV 规模的不断拓展，网络内容分发技术日益重要，甚至出现了专门的内容分发网络运营商。

5. 机顶盒（STB）技术

机顶盒技术是 IPTV 终端接收系统的关键技术。IPTV 的接收终端有三种：传统电视 +IPTV 机顶盒、计算机、手机。其中，计算机和手机都可以直接成为 IPTV 的接收终端，而传统电视要想接收 IPTV 业务，就必须加装一个可以将 IP 数据流转换成电视可接收的信号的 IPTV 机顶盒。目前，我国 IPTV 业务主要针对大规模的电视用户，传统电视 + 机顶盒是我国 IPTV 业务的主流接收终端，因此，机顶盒技术就成为开展 IPTV 业务的关键。

作为 IPTV 的终端接收设备，机顶盒最主要的功能是解码，包括接入支持、协议支持、业务支持、解码支持等。在接入支持方面，机顶盒一般需要支持目前应用较多的 LAN、XDSL 或 WLAN 等多种宽带接入方式，未来还要提供 FTTH 接入支持。在协议支持方面，机顶盒需要支持 IP 数据和视频流媒体数据的接收和处理工作。在业务支持方面，机顶盒一般需要支持目前较为流行的视频点播、互联网浏览、短消息、可视业务和网络游戏等业务。在解码支持方面，机顶盒需要支持对多媒体码流的解码能力，一般需要支持现行的国际标准格式（如 MPEG-2、MPEG-4、AVS 等）。

6. 电子节目指南（EPG）技术

在进行编码和解码的过程中，IPTV 还涉及一项重要的互动技术——电子节目指南技术。这一技术贯穿 IPTV 前端系统和终端接收系统。电子节目指南（EPC），即电视节目导航系统，分为发生器和解码器两个子系统，发生器子系统负责产生 IPTV 业务信息，一般由平台运营商提供；解码器子系统负责对业务信息进行解码并产生电子节目菜单，一般依靠机顶盒中的综合接收解码器来实现。

　　用户可以通过电子节目指南了解 IPTV 音视频节目的名称、播放时间、内容梗概等信息，并实现快速检索、视频点播、节目预约、快进快退、节目编排等多种互动功能。除了可以对电视节目进行"导航"，电子节目指南技术还可以通过提供由文字、图形、图像组成的人机交互界面实现对各种 IPTV 增值业务的导航。

（三）网络电视

　　网络电视的技术实现方式与 IPTV 多有类似，不同的是网络电视的接收终端多为 PC 机。除此之外，流媒体技术是网络电视的重要技术。其核心是将整个 A/V（Audio/Video）等多媒体文件经过特殊的压缩方式分成一个个压缩包，由视频服务器向用户终端连续地传送，因而用户不必等到整个文件全部下载完毕，而是只需要经过几秒或几十秒的启动延时，即可在用户终端上利用解压缩设备（或软件），对压缩的 A/V 文件解压缩后进行播放和观看。多媒体文件剩余的部分可在播放前面内容的同时，在后台的服务器内继续下载，这与单纯的下载方式相比，不但使启动延时大幅度缩短，而且大大降低了对系统缓存容量的要求。

（四）手机电视

　　手机电视的节目内容传输主要包括两个过程：一是节目内容的下行传输，即节目内容通过下行传输网络到达手机，用户通过手机内的播放软件实现节目的收看；二是用户信息的上行回传，即当用户点播节目时，信号要通过上行传输网络进行回传。目前，全球存在着手机电视的多种技术标准，大多数国家与地区都采用非单一制的技术标准。而当前，国际手机电视的实现方式大致有以下三种。

1. 移动蜂窝网络实现方式

　　移动蜂窝网络实现方式实际上是采用流媒体技术，把手机电视作为一种数据业务推广出来。这一方式利用电信原有的通信网络实现节目内容的下行传输和用户信息的上行回传，其优点是可以实现用户与运营商之间的信息交互，既便于用户进行节目的定制与互动操作，又便于运营商开展用户服务与计费管理；其缺点是点对点的流媒体传输会大量占用通信网络的带宽资源，从而影响节目

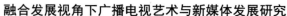

的传输速度与画面质量。

2.地面数字广播实现方式

地面数字广播实现方式是指在手机终端上安装微波数字电视的接收模块，直接获取数字电视信号。其优点是信号的传输不受网络带宽的限制，成本低、质量好；但缺点是没有上行传输网络，不能进行用户与运营商之间的信息交互。

3.卫星广播实现方式

卫星广播实现方式是借助卫星提供下行传输网络，用户通过在手机终端上安装的卫星信号接收模块，直接获取卫星广播的信号。其优点是信号覆盖面积大、节目传输质量高；缺点是卫星信号易受城市建筑物的影响而形成信号阴影区，也缺少上行回传网络，无法实现手机电视用户与运营商的互动。

我国手机电视产业起步较晚，但为摆脱受制于人的尴尬境地和高额的专利费用，我国一直致力于研发拥有自主知识产权的手机电视技术标准，并于2006年和2008年分别颁布了手机电视行业标准 CMMB 以及手机电视国家标准 T-MMB。

CMMB 是中国移动多媒体广播的简称。它是国内自主研发的第一套面向手机、PDA、MP3、MP4、数码相机、笔记本电脑等多种移动终端的系统。该标准包含了传输技术、协议等组成部分，其核心传输技术采用 STiMi 技术。STiMi 技术是针对我国幅员辽阔、传播环境复杂、区域发展不平衡的国情设计的，是卫星与地面覆盖相结合的移动多媒体广播信道传输技术。

二、非互动性电视媒体新形态

非互动性电视媒体新形态是在传统媒体的基础上依托新技术衍生出来的，其传播形态并未发生根本改变，但是信息质量大大提高，传播范围更是到达了以前无法覆盖的区域，包括楼宇电视和城市彩屏等。

楼宇电视是指以数字电视机为接收终端，把楼、场、堂、馆、所等公共场所作为传播空间，播放各种信息的新兴电视媒体传播形态。城市彩屏与楼宇电视在终端技术上较为相似，不同的是，城市彩屏的终端规格要比楼宇电视大得多，但由于成本巨大，所以城市彩屏的终端投入数量远不及楼宇电视。

这两种新媒体形式依托于日新月异的技术革新，主要包括电视机制造技术和播放技术。更清晰、更薄的液晶电视机符合悬挂在电梯口或电梯内墙面上的要求；在播放技术方面，楼宇液晶电视和城市彩屏采用的是无线同步追踪技术，确保各台液晶电视相互之间的同步运行。

（一）LED 显示屏技术

LED 是发光二极管的英文缩写。它由多个红色小灯组成并靠灯的亮灭来显示字符，用来显示文字、图形、图像、动画、行情、视频、录像信号等各种信息。

LED 显示屏分为图文显示屏和视频显示屏，均由 LED 矩阵块组成。图文显示屏可与计算机同步显示汉字、英文文本和图形；视频显示屏采用微型计算机进行控制，图文并茂，以实时、同步的信息传播方式播放各种信息，还可显示二维和三维动画以及现场实况。LED 显示屏显示的画面色彩鲜艳、立体感强，静如油画、动如电影，广泛应用于各种公共场所。

LED 显示屏技术之所以受到广泛重视并得到迅速发展，与其本身所具有的优点是分不开的。这些优点概括起来就是亮度高、工作电压低、功耗小、小型化、寿命长、耐冲击、性能稳定。该技术的发展前景极为广阔，目前正朝着更高的亮度、更高的耐气候性、更高的发光密度、更高的发光均匀性、更高的可靠性、全色化的方向发展。

（二）无线同步追踪管理技术

楼宇电视和城市彩屏在传输及管理上采用的是无线同步追踪管理技术。其传输一般采用数字电视单频网传输技术，通过无线数字信号发射、地面接收的方式进行电视节目的传输。在确保电视信号稳定、清晰的前提下，能即时传送电视信号，为受众提供及时的国内外新闻资讯以及各类重大和突发事件信息，最大限度地满足移动人群对资讯的需求。同时，无线传输方式也便于管理，安全稳定。

在管理上，这种技术能够保证所有的楼宇电视和城市彩屏既相对独立，又有机地融合为网络。每块楼宇电视和城市彩屏都具有独立的启动装置，即使其中某一点出现问题，也不会影响整个楼宇电视及城市彩屏网的运营。

三、新媒体对电视节目形态创新的影响

电视机如今是每家每户必备的家用电器之一，自从电视走进人们的生活，其内容和结构就在不断发展和更新。随着网络信息技术在新时代下的飞速发展，

新媒体形式开始崭露头角，使得传统电视节目形态发生了彻底的改变，在传播方式、观众偏好、资源获取等多个方面面临着转型和革新。

在我国网民数量庞大的背景下，互联网技术得以快速发展，新媒体传播已经渗透到人们的实际工作和生活中，削弱了传统媒体对人们生活的重要性。近年来流行的优酷、爱奇艺和腾讯视频等典型新媒体视频网站，受到大部分年轻人的喜爱，这些视频软件使用时方便快捷，还可以满足新一代观众的各种需求，而传统电视节目无论是在内容上，还是在形式上，都渐渐不能满足用户们的各种需求，网络视频软件开始逐渐取代传统电视曾经的地位。传统卫视在新媒体强有力的冲击下，开始播放一部分受观众喜爱的网络节目，视频网站为了吸引增加浏览量也以正规渠道获取部分电视节目的播放权。

视频网站的资源非常丰富，依靠雄厚的经济实力与传统卫视或电视频道形成竞争，一些大型视频网站的市值远超一些省级卫视，资源实力也是传统卫视所不能相比的。在节目内容的改革与创新上，新媒体视频公司从购买电视节目播放权向自主创作电视节目和出售网络电视节目版权方向发展，其自制的节目质量优良，观众数量庞大，部分省级卫视会购买其版权来提高自身的竞争力。新媒体与传统卫视的有机结合也在一定程度上促进了传统电视媒体的改革，促进传统电视台积极整合资源，对节目进行结构和内容上的改进。

四、新媒体环境下电视节目形态创新的具体表现

新媒体利用先进的信息技术制作了许多高科技产品，改变了传统媒体中节目形式不丰富的现状，新媒体可以从传统的电视节目资源中得到可以利用的静态图片，传统的电视节目可以从新媒体中获取各种与时俱进的信息资源。新媒体借助与传统媒体的有效融合，利用网络技术搭建了一个信息共享和交流的平台，有利于通过更多手段和方式收集电视节目的原始素材。与此同时，同一电视节目也出现了很多衍生形式，将同一节目以各种不同的媒体形式表现出来，可以获得很大的额外收益。

综上所述，在新媒体的有力推动下，传统的电视节目发生了翻天覆地的变化，但是中国电视节目形态的发展也面临着许多问题，比如同质化现象严重、缺乏创新等，应该培养电视人的创新思维，采用融合性策略的方法来发展电视节目的创新模式，创造出更优秀更受观众欢迎的节目，为电视媒体的发展增添动力。

第二章　广播电视艺术的发展概观

广播电视的发明、运用是 20 世纪人类最伟大的科技成就之一，对人类社会的发展产生了极大的影响。本章分为广播电视的发展历程、广播电视艺术的概念以及广播电视艺术的传者与受众三部分。

第一节　广播电视的发展历程

一、民国时期

从 1923 年至 1949 年中华人民共和国成立前，中国国内战火连年，社会动荡不安。由于客观条件的制约，广播事业的发展较为迟缓和滞后。这一时期，广播事业的发展主要经历了四个阶段。

（一）起始阶段

第一阶段是 1923 年至 1927 年，为广播事业的起始阶段。1923 年，美国商人奥斯邦向中国运入一套无线电广播设备，在上海租界内私自创设了一个发射功率为 50 瓦的"大陆报——中国无线电公司广播电台"（简称"奥斯邦电台"），开中国境内无线电广播事业之先河。此后，又相继有外商在上海等地设立了几家小功率的无线广播电台。

广播的发明最初纯粹是由于技术上的推动，但在这一技术逐步成熟后，广播媒介本身所具有的信息传播速度快、受众范围广等优势便很快被人们所熟知，于是或受商业利益驱动，或出于政治宣传等需要，各种类型的广播电台陆续创办起来。从我国当时的情况看，外商来中国创办电台的最初目的，大都是推销本公司经营的无线电器材，显然这一动机属于前者。

作为人类文明发展与科技进步的一项重要成果，广播传入中国的积极意义是毋庸置疑的，但若把这一事件放在大的世界历史背景中考察，它又是西方帝国主义入侵的产物。近代以来，在西方列强的不断侵吞下，中国逐步沦为一个半殖民地国家。与帝国主义的侵略行为相伴随，许多先进的科学技术、文化观念等也陆续被引入中国，广播便是其中之一。当时，北洋政府虽然明令规定不许外国人在我国境内私设电台，但由于政府的孱弱无能和旧中国的半殖民地性质，虽经官方多次交涉，租界内的几家外商电台却依然我行我素。

真正由中国人自己创办的电台，直到1926年10月才在哈尔滨出现，这就是由东北无线电专家刘瀚主持设立的哈尔滨无线广播电台。这也是我国领土上出现的第一座官办广播电台。此后，在中国早期的地方广播管理机构——东北无线电长途电话监督处的积极筹备下，又先后在天津、北京和沈阳三地设立了几所官办广播电台。1927年3月，上海新新公司广播电台成立，为中国民营广播之滥觞。

至南京国民党政府成立前，中国境内先后共出现了十几座广播电台，但尚未有全国性的广播电台。其中既有官办的，也有民营的；既有中国人筹建的，也有外商设立的。这些电台的发射功率一般都比较小，节目覆盖范围也仅限于广播电台所在地及其附近地区。收音机的社会拥有量很低，广播的影响甚小。

（二）初步发展阶段

第二阶段是1927年至1937年，为广播事业的初步发展阶段。1927年4月，以蒋介石为首的国民党右翼势力控制了国内政局，在南京建立起"统一"的国民党政权。南京国民政府重视发展广播，将其作为推行内政外交的重要宣传工具，不仅致力于建设覆盖全国的党营广播事业网，还积极制订政策，推动和规范民营广播事业的发展。

1928年7月，国民党政府建设委员会公布了《中华民国无线电台管理条例》；8月，南京国民党中央广播电台开播；12月，政府又公布《中华民国无线电台条例》，明确规定广播电台由"人民设立"，允许民间资本涉足广播事业。20世纪30年代初，一大批民营电台在上海、浙江等地兴起，广播事业一度得到比较快速的发展。据统计资料显示，至抗日战争爆发前，在国民党统治区共有各类官办、民营广播电台78座，总发射功率120千瓦，全国有收音机20万台。

1936 年，国民党中央广播事业指导委员会还制订出一套详尽的管理与发展广播事业的计划，意在大力扩张党营广播，规范民营广播；同时，国家资源委员会也草拟了一个预计投资为 2.7 亿元的五年工业计划，打算在内地筹建一批以生产收音机和电子设备等为主要产品的工业区，推动民族电子工业的发展。但未等付诸实施，抗日战争即告爆发，这一计划也就此搁浅。

（三）多元并存阶段

第三阶段是 1937 年至 1945 年，为广播事业的多元并存阶段。抗日战争爆发后，与纷乱的时局相对应，中国大陆出现了三种不同性质的政权，即国民党政权、共产党政权和日伪政权。在不同的政权控制区内，又分化出五种不同类型的广播事业，即大后方的国民党广播事业、沦陷区的日伪法西斯广播事业、沦陷区的民营广播事业、抗日根据地的人民广播事业以及苏联广播电台和美军广播电台。

在国民党统治区，抗战爆发不久，中央台停止了在南京的播音，随后由汉口广播电台、汉口短波广播电台和长沙广播电台联合接替了中央台的播音。直至 1938 年 3 月，中央台才在重庆恢复播音。

抗日战争爆发后，国民政府的广播电台大都迁移到内地，客观上发展了西南、西北地区的广播事业。虽然电台的总体数量有所减少，但由于得到英美等国的援助，发射电力有所增加，同时由于中国融入了世界反法西斯阵营，故而中国广播的国际影响也有所增强。

此外，抗日战争爆发后，为加强日寇占领下的上海的宣传工作，苏联政府于 1941 年在上海设立了苏联呼声广播电台。抗战后期，美国军队也进入中国，参加对日作战，在广西、云南和四川等地设立了美军广播电台。这些美军电台一般电力较小，主要面向美军官兵，播出一些有关军纪、军中娱乐等的节目。

1940 年 12 月 30 日，在革命圣地延安的一座土窑洞里，中国共产党领导下的延安新华广播电台诞生了。该台播出的节目内容有中共中央重要文件、《新中华报》《解放》及《解放日报》的重要社论和文章、国际的时事新闻、名人讲演、科学知识、革命故事以及音乐戏曲节目。尽管节目的内容尚显粗浅，形式不免单一，电台规模和影响很小，但它发出的是中国人民正义的呐喊和不屈的怒吼。由于条件艰苦，设备简陋，延安新华广播电台的播音时断时续，终于在 1943 年春天暂时停播。

（四）二元对峙阶段

第四阶段是 1945 年至 1949 年，为广播事业的二元对峙阶段。抗战胜利后，国民党当局接收了原日伪沦陷区的绝大多数广播电台，并在此基础上大力扩张其党营广播事业网，党营广播事业的发展一度超过了战前规模。但以 1946 年国共交战为分水岭，国民党的党营广播事业又逐步走向衰落。随着人民解放军由自卫到反攻的节节胜利，国民党在大陆的广播事业不久即土崩瓦解。在国统区，上海、天津等地的民营广播曾一度复苏，南京等地的新建电台也不断涌现。据统计，1946 年初，仅上海一地的民营广播电台就已达 43 座，远远超过了战前的数量和规模。但由于受到当局的多方钳制，加上政局动荡，民不聊生，因而民营广播的发展空间极为有限。

与之相反，在共产党领导下的解放区，人民广播事业的力量却日益壮大。1945 年 8 月中旬，延安新华广播电台即宣布恢复播音。1947 年 3 月 14 日，延安新华广播电台迁移至陕北子长县，更名为陕北新华广播电台；1947 年 3 月 29 日，陕北新华广播电台迁移至太行山区涉县播音；1948 年 5 月，陕北台迁移至河北省平山县；1949 年 3 月 25 日迁移至北平，改称为北平新华广播电台；1949 年 9 月 27 日，北平新华广播电台改称为北京新华广播电台；1949 年 12 月 5 日，北京新华广播电台改称为中央人民广播电台。随着许多大、中城市的相继解放，利用接管的原国民党广播设备，一批人民广播电台也陆续兴建起来。至中华人民共和国成立前夕，已成立人民广播电台近 40 座。

可以看到，无论北洋军阀政府，还是后继的国民党政府、日伪政权，以及共产党领导下的抗日根据地与解放区政权，虽然都在一定程度上发展了自己的广播事业，但从全局来看，这一时期的广播事业始终处于一种无序的分割发展状态。这样的结果，客观上便导致了连续性的广播事业体系始终没有在旧中国出现。

如果说广播电台的数量增长和规模扩张属于广播事业的硬件建设，那么广播传播的内容与形式，即传播的信息、内涵则应属于广播事业的软件建设。民国时期的广播事业除日伪电台外，集结了一批科技、文化界精英，传播了许多有益的政治、经济、文化、科技等方面的信息，为推进中国社会的现代化转型发挥了一定的积极作用。

由于这一时期的广播事业是多种所有制并存，创办电台目的不同，各电台广播在内容与价值取向上自然也就存在较大的差异。就外商广播和民营商业广播来看，为了销售更多的无线电设备，或赚取更多的广告份额，多数创办者和经营者都非常注重对广播内容与节目形式的设计，注意安排一些贴近市民趣味、与日常生活紧密相关的娱乐类、新闻类及市场行情类节目，以吸引受众收听。这样一种尊重受众、吸引受众的传播理念，固然是值得肯定和称道的，但其出于商业动机而一味迎合受众、降低受众的品位，有时甚至完全脱离现实政治、忽视社会道德建设的做法，却又不免为时人所诟病。

与上述电台完全不同，共产党领导下的人民广播事业从开播第一天起，就把"党的喉舌"与"人民喉舌"的统一作为其办台目标。延安台创办后，不仅准确及时地宣传了党的各项方针政策，而且注意紧密联系群众，听取群众意见，把为群众服务、当好人民"喉舌"作为电台工作的基本方针。

1946 年元旦，延安台曾播出一篇自我介绍的稿件，指出该台的宗旨是"使得各位了解人民政党、人民军队和人民自己建立起来的解放区的情形，了解它的主张和事业"。人民广播事业既然是"人民的喉舌，民主的呼声，那么就应该由大家来管理它，利用它，掌握它，人民大众的号角要由人民大众来鼓吹"。延安台还曾向社会发布公开信，广泛征求听众意见，并尽量满足大家的要求，积极改进和丰富节目样式。这些措施的实行，都有效地提高了延安台的工作质量，扩大了延安台的社会影响，从而赢得了广大听众的信任。

由于经济和技术条件的落后，广播事业落地中国的二十多年间，广播收音机却一直没有像欧美发达国家那样普及到大众，广播的声音并没有真正传向大众。这是因为对广播媒体而言，技术问题的解决只是为其出现提供了必要的条件，社会需求与相应的经济支撑才是推动这一事物发展的根本动因。

诞生于自由资本主义阶段向垄断时期过渡的广播事业，由于其超越时空、机动性强和信息传递及时等优势，一经在英美等发达国家出现，即顺应了时代需求，展现出蓬勃旺盛的发展力。收音机在原产地国家低廉的价位，也为广大平民的拥有提供了可能，因此广播出现不久即得到广泛普及。无论是在艰难困苦的经济危机年代，还是凄风苦雨的"二战"时期，广播收音机都一直是英美等国家平民家庭与外界联系的便捷媒介，也是人们日常生活的亲密伴侣，更成为各国政要发表时政演说、振奋国民精神的重要舞台。在美国，到 20 世纪 40年代，家庭收音机的普及率就已超过了 80%。

中国却不同。起步于北洋政府统治时期的广播事业由于"先天不足"，从一开始就打上了深深的经济和文化侵略的烙印；后天又严重"营养不良"，广播虽被引入中国，但相应的技术没有在当时这片科技贫瘠的土地上找到适合生长的土壤，广播的设备，包括从发射机到接收机等主要元件，国内均不能独立研制和生产，均需依赖进口，这无形中大大提高了收音机的成本。

对于经济落后的旧中国，欲在这样的基础上实现广播的发展与普及，显然是困难的。因此，虽然从北洋政府到国民党政府，甚至是日伪政权都非常重视广播的宣教作用，注意发展和扩张自己的广播体系，但直至中华人民共和国成立前夕，全国收音机的拥有量也只有约 100 万架（其中还包括日伪统治时期在沦陷区强行推广的几十万架廉价收音机）。若按当时全国人口为 4 亿计算，平均每 400 人才拥有不到一架收音机。而且，这些收音机又大多集中在东北、上海和其他几个大中城市，农村则基本上没有收听工具。那时，广播收音机是上等人家昂贵的摆设，对于收入微薄的绝大多数国民尤其是温饱问题尚未解决的广大农民而言，要想拥有这等高档消费品，无异于水中望月，遥不可及。

在旧中国，广播电台主要分布于城市，收音机拥有者主要在上流社会，这决定了广播传播排斥了一个最庞大的受众群体——广大的城乡工人和农民阶级，尤其是农民群众。中国是一个典型的农业国家，绝大多数为农村人口。而主要分布于大、中型城市的广播电台和以城市受众为对象的广播传播，是不可能、也不会顾及农民群体的信息需求的。这一时期广播事业发展中的偏失，一定程度上也正是当时社会经济、政治结构严重失衡的一种表征。

二、中华人民共和国成立初期

1949 年 10 月，中华人民共和国成立。至改革开放前，在党和政府的领导下，广播电视事业尤其是有线广播事业发展迅速。尽管如此，这一时期广播电视事业的发展却还只能算是一种相对片面的发展。主要表现为，第一，广播电视事业建设主要是适应党和政府的宣传需要；第二，广播电视传播在总体上呈现出一种以传者为中心的偏于政治化的倾向。这一时期，广播电视事业的发展大体可分为三个阶段。

（一）结构调整阶段

第一阶段为 1949 年至 1956 年，可称作广播事业的结构调整时期。中华人民共和国成立之初，党和政府非常重视广播事业的建设和发展。为了更好地领导和管理全国广播事业，中央人民政府政务院新闻总署下辖的中央广播事业局于 1949 年成立。广播事业局由新闻总署领导，在新闻传播方面和报纸一样要遵守相应的宣传纪律。1954 年成为国务院直属机构之一，在行政上直属政府部门领导，在宣传方面接受中共中央宣传部的指令，这种格局一直延续到今天。

从中央到各大行政区、省和直辖市都先后建立和健全了广播事业管理机构。没收原国民党广播设备，改造私营电台，普及人民广播事业以及培养和训练广播干部，成为建国初期各级广播领导机构的工作重点。经过三年的清理和整顿，对旧中国遗留下来的私营广播电台的社会主义改造基本完成。广播电台全部归属国家所有，由政府统一管理，统一经营。

在改造私营电台的同时，社会主义的广播事业建设也全面启动。1952 年，第一次全国广播工作会议确定，广播事业建设的第一个五年计划是"先中央后地方""集中力量建设中央台"，同时要"巩固广播站和收音站"。为了贯彻这一方针，各级政府和广大广播工作者积极努力，除重点建设中央人民广播电台外，还在全国各地普遍设立收音网，大力发展农村有线广播站，一定程度上解决了基层群众收听工具不足的困难，也使广大农民的政治水平和业余文化生活都发生了显著变化。到 1956 年底，不仅中央电台的力量大为增强，而且除西藏地区外，全国各省和直辖市都设立了广播电台。

（二）曲折发展阶段

第二阶段为 1957 年至 1966 年，可称作广播电视事业的曲折发展时期。这一时期，广播电视事业建设取得了较大成就，但其发展也曾出现起伏。从 1957 年起，根据第四次全国广播工作会议精神，广播事业的建设方针调整为中央和地方并举。这一方针的贯彻实施，有力地推动了此后各级地方广播事业的发展。到 1961 年底，全国无线广播电台发展到 135 座，县市有线广播站达 2078 个。但由于这一时期国民经济发生困难，因此，1962 年国家提出了"调整、巩固、充实、提高"的八字方针，相应地，广播事业建设也采取了压缩规模、合理布局、精简人员、提高质量的措施，使无线广播电台的数目锐减。到 1965 年底，全国共有无线广播电台 87 座，县市有线广播站 2365 个。

1958 年 5 月 1 日，北京电视台（中央电视台前身）实验播出，9 月 2 日正式开播，标志着我国电视事业的诞生。接着，上海电视台、哈尔滨电视台也分别于同年 10 月和 12 月建成开播。1958 年 12 月，中央广播事业局决定在全国各地建立电视台。到 1961 年，全国已有 19 座省、市电视台相继建成并开播。

但在 1962 年的大规模调整中，全国电视台曾一度只剩下北京、天津、上海、广州和沈阳 5 座，直到 1966 年底，也才恢复到 13 座。

（三）畸态发展阶段

第三阶段为 1966 年至 1978 年，可称作广播电视事业的畸态发展阶段。这一时期，有线广播不仅以其传播迅速的特点，适应了当时政治宣传的需要，更以其技术简单、成本低廉、架设容易和使用方便等特点，为在经济落后的中国农村大面积普及提供了可能。1969 年，财政部和中央广播事业局决定，县级广播站的经费列入国家财政预算，公社级放大站的事业经费由地方财政拨款。这一政策进一步刺激了农村有线广播网的发展。短短几年，整个中国就进入一片有线广播喇叭的海洋。到 1976 年，全国就已建成县级有线广播站 2503 座，安装有线广播喇叭 11325 万只。97% 的人民公社、93% 的生产大队和 86% 的生产队部通了有线广播，农户安装广播喇叭的也达 60%。有线广播一跃成为当时中国普及最广、受众数目遥遥领先的大众化传媒。

为配合政治宣传的需要，这一时期，电视技术研究和事业建设也都取得了突破性进展。1970 年初，中央广播事业局会同有关工业和电信部门，召开了全国电视专业会议。会议确定，今后将集中主要技术力量研制彩色电视，同时适当发展黑白电视。之后，恢复和建立电视台、对彩色电视技术进行联合攻关，成为中央及各省（区）、直辖市电视工作的重点。截至 1971 年底，除西藏自治区和北京市外，各省、自治区、直辖市级电视台都相继设立。北京、天津和上海等地关于彩色电视制式的"攻关会战"也陆续开始。1972 年 10 月，我国还曾先后派出技术人员赴法国、瑞士、荷兰、英国等，考察他们的彩色电视制式，并对选购彩色电视设备问题进行了详细的调查和探讨。经过各方的积极努力，1973 年 5 月 1 日，北京电视台的彩色电视节目成功开播。

与电视台建设的初具规模相比，这一时期，国内电视机的总体数量却一直少得可怜。1958 年中国电视事业诞生时，全国仅有 50 架电视接收机；1973 年彩色电视试播时，也才只有 300 部彩色电视接收机。直到 1975 年底，偌大的中国，电视机的社会拥有量也只有 46.3 万架，也就是说，在当时全国的 7.2 亿人口中，平均约 1600 人才拥有不到一架电视机。

三、改革开放至今

随着十一届三中全会的召开，中国共产党的政治路线发生了重大转变，紧接着的就是治国纲领的转变。"以阶级斗争为纲"的思想彻底被抛弃，"以经济建设为中心"的中国改革开放的时代正式到来。这一国策的变化对于中国广播电视事业的发展是具有里程碑意义的。

广播电视事业在探索"走市场"的过程中，以改革创新为动力，以适应社会需求，追求自我发展并不断调整事业内部结构为特征，在媒介管理体制和经营运作方式等方面都进行了大胆的探索，并取得了突出的成就。而自20世纪90年代以来，随着社会主义市场经济的不断完善，广播电视的事业建设也已由计划经济时代的粗放型数量增长方式转为媒介结构优化和科技进步并重的集约型效益增长方式。

新时期以来，社会环境和广播电视生存条件的巨大变迁，推动了广播电视传播内容与形式的深刻变革。总体来看，由过去较为单一的偏于政治化的传播，向以满足受众需求为主的多元化信息传播转型，是改革开放以来广播电视传播所呈现出的最主要变化。

改革开放初期，广播电视传播逐步摒弃"以阶级斗争为纲"的错误思想路线，摆脱封闭、单一的政治化传播模式，开始向服务于"以经济建设为中心"的开放、多元的信息化传播模式转型。这一时期，与国内普遍的社会思潮相呼应，广播电视界首先从思想上正本清源，争取尽快回到"自己走路"的正确轨道上来。

1980年，第十次全国广播工作会议强调，要正确认识广播电视的性质，正确地宣传党的方针政策，密切联系群众，这样才能发挥广播电视的巨大宣传作用。以这次会议精神为指针，全国广播电视界在节目的内容与形式方面都以贴近实际、贴近生活和贴近群众为追求，大胆探索，锐意改革。在对内传播方面，通过改革，广播电视新闻中的空洞政治宣教成分明显减少，受众真正关心的国内外重大新闻逐步增加，其本来应该具有的"短、新、快、活"特点日渐凸显。广播电视文艺中许多过去被禁播的优秀作品，在解除了各种思想禁锢后，得以重新和听众、观众见面，同时新的文艺样式不断涌现；社教节目也面貌一新，一些针对性强、受众面广的实用知识性、服务性节目纷纷开办。在对外传播方面，改变了过去内外不分、强加于人的做法，注意加强针对性，改革广播文艺，有效地促进了传受双方的沟通。

从改革新闻的内容与形式入手，加大广播电视传播的信息量，增强时效性，确立广播电视传媒在现代信息传播中的权威地位，进而带动广播电视节目的整体改革，是广播电视进一步适应社会需求的必然选择。1983 年以后，根据第十一次全国广播电视工作会议提出的"以新闻改革为突破口，带动整个广播电视宣传改革"的要求，各广播电台和电视台都加大了新闻改革力度，力争把广播电视办成"要闻总汇"。

广播新闻的改革走在了前头。1983 年 1 月，上海人民广播电台第一套节目率先开办了全天候整点新闻，加上其他几个频率的简明新闻，全台的新闻节目每天达 40 个，极大地加快了新闻流转速度。

电视新闻改革也不甘落后。与中央电视台的新闻改革大致同步，全国电视台的新闻播出次数也都显著增加。新闻舆论监督的力度不断加大。在新闻改革的带动下，广播电视的其他节目和栏目也都积极改革，不断创新，节目内容更加丰富、充实。广播文艺、广播法制节目、科普节目、军事节目、少儿节目、体育节目等异彩纷呈，电视纪录片、电视专题节目、电视文艺以及电视剧等也都精品迭出，社会反响强烈。

内容决定形式，形式为内容服务；反过来，一定的形式结构，又规约其所承载的内容表达。新时期以来，在广播电视传播内容不断增加、取材范围不断拓展的状况下，各种广播电视节目形式也随着技术更新与传播观念的变革而日渐丰富多样，如广播电视新闻的现场直播、系列报道、连续报道、追踪报道等多种形式的出现，不仅大大丰富了广播电视新闻的内涵，也开拓了新闻报道的领域。至于广播电视文艺、教育、体育、经济节目甚至是广告节目等，也都通过一系列新形式的探索，使节目形式更加符合受众品味，为受众所喜闻乐见。

广播电视业务层面的微观改革进行到一定阶段后，必然走向节目整体结构的全面变革。20 世纪 80 年代中期以来，在电台和电视台不断增加、媒介竞争日益激烈的态势下，各广播电视机构纷纷从整体着眼，从听众需要出发，打破各类节目原有的"诸侯割据"局面，重新进行节目栏目的分配和安排，过去的单一综合台传播格局逐步被以综合台为主打，以对象化、专业性电台电视台为补充的多元一体传播格局所取代。

1986 年 12 月，以广东珠江经济广播电台的开播为起点，全国各地的经济广播电台陆续兴办起来。这些电台大都根据节目覆盖区域内的居民需要，开设一些以经济信息为主的热线直播、流行快报等节目，节目开办后引起较大反响。

以此为契机，广播新闻台、文艺台、音乐台、信息台、金融台、教育台、交通台、儿童台等系列台、专业台也如雨后春笋，蜂拥出现，其中的大板块结构、主持人直播、听众参与、热线电话、24小时全天播音、立体声播音等形式的综合运用，使各广播电台的整体面貌焕然一新。各级电视台大都依据电视传播的内在规律和电视观众的特定需求，以频道为结构单元，进一步细分节目栏目的归属，使其更能集中满足特定受众的要求。

至此，广播电视的传播局面已得到根本改观，以指令性、灌输式为主要特点的政治宣教时代已一去不复返，而以舆论引导为主，以生动活泼、丰富多彩的节目栏目吸引受众，使人们在不知不觉、潜移默化中得到放松与启迪，则成为当今中国广播电视传播的主流。

第二节　广播电视艺术的概念

从本质上来说，广播电视艺术是一种活动，一种实践的特殊形式。顾名思义，广播电视艺术学的研究对象当然就是广播电视艺术。对于现象领域所特有的某一种矛盾的研究，就构成某一门科学的性质。广播电视艺术学就是研究广播电视传播领域中有关艺术传播这种具有特别性质的矛盾。应该说，广播电视传播的不仅仅是艺术内容，还有新闻资讯。因此，广播电视艺术学是广播电视学的一个分支，是专门研究广播电视艺术创作，传播现象、过程及其规律的一门学科。

广播电视艺术创作与传播现象纷纭复杂。就节目形态来说，根据类型来划分，有广播剧、电视剧、广播电视音乐、广播电视戏剧戏曲、广播电视综艺节目等；根据传播单元来划分，有文艺节目、文艺栏目和文艺频道等；也可以根据播出形态进行划分，有直播类型的艺术节目、录播的艺术节目等。

不同于先前许多艺术类型的私人化创作，广播电视艺术作品往往是集体合作的结果。广播电视艺术如今已逐步呈现出工业化生产的趋势。因此，广播电视艺术学有必要将这种艺术生产的特殊现象与规律揭示出来。

广播电视是一种艺术的载体，同时也是大众传播的媒介。从而，广播电视艺术表现出强烈的传播学特征。从传播的规模、受众人数和接受方式等方面，可以看出这种艺术传播与传统艺术的流布有着巨大的量差与质差。这种变化首先表现在外延的巨大突破。昔日的艺术传播与接受往往是在一个小空间里进行，一个人静静品味小说，三五好友细细观摩一幅名家画作；当然也有广场式的戏剧表演与欣赏，其人数也不过数万而已。然而一个广播电视艺术节目可以吸纳亿万之众。

还有就是内涵的变异。以往的艺术接受将个体与群体的亲身参与作为叙事范畴，而如今则变成一种虚拟互动。通过人机对话，观众将节目中的嘉宾或现场观众作为假想依托，进行一种替代性参与。在艺术的"娱乐中人们可以改换兴趣，并将常态的和连续的生活暂时打断一下"，获得一种非常态的心理愉悦和精神舒缓。

再有就是广播电视艺术使人类又回到了一个功利的时代。人们不仅能获得娱乐，而且还可以从中得到更多的物质和利益的刺激，广播电视艺术失去了传统艺术传播与接受的非功利性，被抹上浓浓的商业和消费的色彩。

事实上，正是这几方面的变化使得广播电视艺术比此前任何一个时代的传统艺术都具有更大的声势与娱乐效应。广播电视艺术学有责任、有义务对这种艺术传播的特点进行归纳总结。

第三节　广播电视艺术的传者与受众

一、广播电视艺术的传者

（一）传者的含义

所谓传者，也就是传播者，是与受众相对应的信息来源的一方，是负责信息的采集、整理、制作和传递的个人或群体，是传播发生的首要因素，是启动传播过程的最初动力要素。在一种已确立的"传—受"关系当中，传者决定着信息的采集和传播方式的运用，因而在信息传播的过程与链条中，传者是信息传播的施动方与主导者。对于传播效果的取得、传播价值的实现，传者往往起着举足轻重的作用。就广播电视艺术传播来说，由于技术条件的限制与体制的设定，传者至今仍然处于传播活动的中心地位。

（二）传者的身份

对于广播电视艺术传播来说，究竟谁是传者，这一问题的提出以及传者的身份认同，涉及的是广播电视的传播主体的确立。虽然对于作为当代大众传播媒介的广播电视来说，由于其传播体制的原因，其传者原本就不是某一个体，而是一个集体，或者只是属于一种"匿名"状态，但是，在一个有效运行的广播电视传播体制当中，为了明确职责、加强管理，还必须对广播电视艺术的传者加以辨别与指认。更需要对传者的主体行为加以规范。特别是随着信息技术的发展，传播媒体的竞争日益激烈，信息的传播与交流越来越便捷，形式越来越多样，传者的身份也越来越难以辨认。传者身份的认同，不仅涉及广播电视的一些具体的从业者，涉及社会的主导性的价值取向、道德及审美意识，而且还涉及广播电视的传摄体制、广播电视所反映的意识形态以及广播电视传播的市场定位，等等。而所有诸如此类的现实因素与权利关系，无一不是在传者的主体身份、立场选择当中得以体现的。

故而，一方面，在广播电视艺术传播当中，传者身份的确认与其价值立场的选择，无疑成为传者的目的性和主观倾向性的体现。而传者身份的确认又主要体现为这样一种现实的文化认同，即基于个人对于他所属的文化传统及其现实利益的认同。广播电视艺术的传者需要在不同的文化传统与现实目的之间寻找到一种平衡，以实现自我身份的认同，其间就包括自我的角色定位及对于置身其中的文化传统的了解与认知，如传统价值观、风俗习惯和行为方式等。

另一方面，随着广播电视技术的进步、生产体制的变迁，处于官方立场与消费市场的夹缝之间的传者，为应对生存的竞争，总难免会为自己的身份定位而焦虑不安。

事实上，广播电视艺术传播的传者，其既是信息的加工者，又是传播的"把关人"。传者在实施传播活动的时候，除了需要优先考虑自己究竟具有什么"核心优势""核心产品"，还必须考虑如何保证这些"产品"的品格与效益（包括艺术价值、经济效益及社会效益）。甚至为了保证传播的质量与效果，更需要创造自己的节目品牌。在某种意义上可以说，传者的身份认同与价值实现与广播电视艺术传播的品牌节目（栏目）的创造有着很大的关联。

进而言之，在广播电视整个传播系统中，特别是对于受众而言，无论是记者、编辑、演员、导演，还是策划、制作与监制，广播电视艺术传播的传者不再是单纯传递信息的个体，而往往是一个群体。或者可以说，传者的行为总是某种集体意志的体现，或是某种社会公众立场的表达，所以，传者对艺术信息的加工和表达就在很大程度上影响甚至左右着公众的情感和大众的趣味。而人们的价值观念又主要受人们的现实利害关系以及与此有联系或由此产生出来的审美观念和道德观念的影响和制约。

所以，对于广播电视艺术传播来说，合格的传者不仅是社会现实的记录者，而且是某种社会文化与审美理想的倡导者与践行者。记者、摄像、编辑、导演、策划、监制等，由于视野、水平、作风、积累不同，其制作出的节目的价值也大不相同。或者说，当记者成摄像采集到各种素材，由于编导人员的立场和水平不同，也会做出不同的处理。这种对于素材的删节和编排处理上的不同，当然会直接影响广播电视节目在社会上所引起的反响和反应。在这个意义上可以说，作为传者所从事的传播业务的质和量，与广播电视节目艺术价值的实现具有非常密切的相关性。

（三）传者的立场

作为当代主要大众传播媒介的广播电视，其传者更需要面对丰富多样的信息和十分广泛的受众，传者的态度和立场更是直接决定了传播效果和目的。

广播电视的重要的社会职能包括合理合法地采集信息，正确而科学地解释分析信息，有效地加工信息与传播信息等。传者无疑是这种社会文化职能的体现者。但是，信息的生产与传播并不具备纯粹的客观中立性，而是传者依据媒介一定的立场、方针和价值标准所进行的一种有目的的取舍选择和加工活动。信息的选择不可避免地受到媒体的经营目标、群众需求以及社会文化等多种因素的制约，与媒介的立场和方针一致或相符的内容会优先入选并得到传播。广播电视艺术的传播者作为大众传播的传播主体，其传播目的当然不仅仅是分享情感和抒发情绪，而是具有明确的政策指向性；或者代表国家与政府，维护统治阶级的利益；或者代表某个阶级、阶层或利益集团，反映主流或非主流的民意诉求。总之，大众传播者都是站在某一立场上进行传播活动的。传者的立场不同，选取和传递的信息必然也不相同，但都要受到一定的法律规范的制约。

在当代中国，广播电视艺术传播处于一种"软喉舌"的境地。一方面，传者作为在政府甚至政党的体制内的各类从业者，需要本着对国家、对政府、对受众负责的价值立场进行传播活动。另一方面，与新闻传播相比，广播电视艺术传播又明显地表现出态度温和、机制灵活的一面，强制性较弱，不会引起受众的排斥心理。

所以，广播电视艺术的传者除了作为某种意识形态或者某种利益的代言人之外，还有一个很重要的身份，那就是受众的盟友。广播电视艺术传播要实现良性发展，"传—受"关系的设置与调整显得尤为重要。一个非常明显的事实就是，广播电视受众比起以往增强了很多主动性，他们已经不仅仅满足于被动地接收信息，而且更需要与传者互动和沟通。因此，广播电视艺术的传者不仅仅要作为政府、阶级或阶层的代言人，更重要的是要与群众共同建构起一个艺术传播与交流的"场"，对于广播电视艺术进行再创造与再评价。作为广播电视艺术的传者，其编导创作绝不仅是对于艺术的简单传达，而要将自身对于艺术的理解与体验带入节目制作与传播中。

（四）传者的姿态

广播电视艺术传播主要通过各种类型的广播电视文艺节目制作与播送而作用于人们的感官，进而影响到精神意志和情感体验，以至潜移默化地影响到特定时代，影响到特殊的社会群体的价值观念与精神诉求。这种影响也许是浅显局部的，也许是深远而广泛的。随着大众传播观念及技术手段的不断进步，尤其是广播电视传播技术的日新月异的发展，广播电视受众日益增多，受众对于信息的关注度也在日益提高。传者采取什么样的立场与姿态，势必会影响到受众相应的接受态度与方式。事实上，大众传播的受众从来都不仅仅是（或者不完全是）根据自己的兴趣需要来选择信息的，而是受制于媒介的性质以及由此而产生的传者的姿态与立场的设定。当然，在信息量庞大的当下社会，受众在海量而庞杂的信息面前，如何选择以及在何种程度上自觉自愿地接受，也就成为决定广播电视艺术传播成败的关键。在这个意义上，如果要达到传播的良性循环，促进广播电视艺术传播的发展，传者的姿态的选择无疑十分重要。

就传者的立场与姿态而言，传者与受众分别处于传播链条的两端，传受双方应该是平等的。然而，事实上就广播电视的传播模式分析，受广播电视传播技术与体制的影响，其传者原本从一开始就处于一种"宣教者"与"布道者"的地位，成为主流意识形态的"喉舌"与代言。随着广播电视传播体制的改革、市场的形成、观念的变迁，传者与受众之间才开始寻求一种平等的立场与姿态。传者以一种平和的心态选择信息、表达信息和接受反馈，而不是高高在上，不接受受众的意见，甚至轻视受众。

在当代广播电视传播技术发展及市场体制形成的基础上，一方面，传者摆脱了"宣教者"的立场，努力寻求一种相对独立的情感表达，仿佛只是涉及受众的爱好与时尚的趣味，与传者的社会责任无关，甚至变成一种"为艺术而艺术""为流行而流行"；另一方面，传者所传达的又有可能放弃了艺术的独立性而心甘情愿地与一般消费品为伍，因而使得艺术品也就成为一种商品，广播电视艺术传播变成了当下文化产业的一部分。

总之，广播电视艺术传播作为一项文化产业，虽然同样具备一般的社会功能、经济功能、说教功能、娱乐功能等，但是作为现代文化产业乃至信息服务业的一部分，广播电视艺术的传者更需要满足广泛的社会大众的审美娱乐需求，以"服务于民众"为其职业操守。当代广播电视艺术传播需要广大的传者爱岗敬业，竭诚为大众服务。传者应自觉地以受众为本位，从受众角度出发，制作出受众需要的、喜爱的高品质广播电视文艺节目，为人们提供富有教育性、艺术性和娱乐功能的文化消费产品。

二、广播电视艺术的受众

按照现代传播理论所揭示的，传播是信息的交流与分享。传播过程中有两个主体，即传播者和受传者，二者相互关联，缺一不可。受传者是传播行为的接受者，是传播中信息流通的目的地，同样也是传播活动的产生动因之一和中心环节之一，离开了受众，传播活动就失去了方向和目的，而不能称其为传播活动。

（一）受众的含义

受众是信息的接受者，同时也是大众传媒积极的参与者和反馈源。广播电视受众主要是指广播电视媒介播出内容的收听、收视者。这个群体是大众传播受众群体中的重要组成部分。广播电视传播具备大众传播的基本特点，其受众也是传播中的关键性主体，所以在对广播电视传播过程的研究中，对受众的研究也是非常重要的。按照麦奎尔的分析，伴随着新技术的发展，主要有以下几种变化有潜力影响受众的性质。

首先，有线电视和人造卫星的发展，极大地拓展了传输的领域，创造了所谓的丰富的供应，大多数人有了更多的选择，这也改变了传媒选择的环境。

其次，新的声像录制、存储和检索方法迅速发展，弥补了传统印刷媒体的不足，开始出现分众的趋势。把规模很大的受众吸引到有趣的事件或场面上的可能性也在增大。

最后，由于传播系统是以计算机为基础的，因此互动使用各种传媒有了可能。单项系统变成了双向甚至多向网络。传媒用户取得了对信息环境的控制权。交互传媒网络作为地方社区的互动的基础，受到一些人的欢迎。它强调处于边缘的接受者与居于主导地位的中心传播者具有平等权利。

"互动的""互联的"传媒的发展，尽管目前仅处于早期的阶段，但可能进一步促进传媒用途的分化和专门化，同样也可能赋予受众潜在的更主动的角色。例如，交互电视的出现，使受众的主动性和参与性得到发展，受众可以自己设定节目单，预约要看的节目，参与到剧情和节目的制作中去，较为自由地发表自己对电视节目的看法。欧美国家和日本所进行的交互电视或交互媒体的实验，已经预示了传媒交互时代的来临。

一般来说，新技术的发展对于受众产生的影响，主要表现在以下几方面：①受众的增多、分裂和分割；②在信源、传媒、内容、时间和空间方面差别更大；③传媒消费者有更大的选择权和更多的自主权；④受众行为更具选择性，互动性和协商性；⑤接受的国际性；⑥使用和所获得的内容之间联系更加紧密；⑦受众甚至更加难以研究清楚、解释清楚等。

（二）受众的类型

①潜在受众：指所有那些能够被波及的人，它有赖于若干因素，尤其是是否拥有接收装置；场所（居住在传播地带，或市场）；另外，诸如收入、受教育水平、年龄和性别这样的有赖于如何界定传媒的社会—人口统计因素。

②付费受众：以若干不同形式出现，但尤其是指一份份报刊、一本本书、一张张唱片、一集集录影带等的购买者；买票看电影的人；有线频道或卫星频道这样的特殊传媒服务的订购者。

③赢得的受众：这类受众的划分因传媒的不同而不同，但对于印刷媒介而言，它是指实际阅读每张报纸、每份杂志等的人数；而对于电视和广播而言，它是指收看或收听某一特殊频道或节目的人数，通常用收听率（收视率）表示。

总的来说，这三种基本类型确定了各种人群（集群），从传媒供应者的观点来看，正是这些人群形成了受众。随着时间的推移，传媒使用行为有着极大的稳定性：在不同传媒、不同国家和地区中存在着一再出现的模式。许多稳定性（和变化）都可以由影响传媒受众规模和构成的几个基本因素加以说明。最普遍的因素与年龄或社会阶级（或收入和受教育水平）有关，因为这两者往往决定受众是否有闲暇时间和金钱来使用传媒。

年龄（实际上是生活周期）影响着传媒的可得性和内容选择。因此，在儿童时代，我们几乎被限制在家庭选择的传媒范围内，接触比较多的是电视。当我们获得"自由"时，我们做出比较独立的选择并走出家庭，从而出现了出去看电影的方式。当我们承担起自己家庭和工作的责任时，我们回归家庭环境，但兴趣已经不同，一般把较多时间用于获取信息上。在此之后，我们的收入有了较多剩余，此时传媒消费多样化，然后由于年事已高而再次缩小，从而导致回到比较适合家用的传媒（电视和书籍），选择比较严肃的内容。

由收入状况所代表的社会阶级地位支配着传媒的使用模式。在这种模式内，收入较高往往使得电视的地位降低，因为有更广泛的传媒和非消遣传媒可以选择。受教育程度和专业工作责任较高，也会导致不同的内容选择——选择更加具有知识性的内容，或主导性的教育价值观和文化价值观所赞成的内容。

这些发现以及与性别差异、地区差异相关的其他发现，有助于描述和预测受众的总体面貌，起决定作用的基本因素并不难分辨出。然而，在传媒产业部分也存在着几种解释。一个解释纯粹是历史性的，因为一些传媒所获得的特殊规定和对受众的特殊魅力，往往是随着时间的推移而得到保持和巩固的。例如，日报是为以男性为主的、城市中产阶级的读者而发展起来的，它往往对这同一类人具有独特的吸引力。

（三）受众的构成和流动

在明确了受众的基本含义以及受众的基本类型后，下面需要讨论的是受众的构成以及流动的问题，也就是说，我们需要了解，是什么影响着受众对内容的选择，内容和外观方面的哪些因素有利于吸引和保持受众的注意力等问题。这其实是传媒受众动力学而不是静力学问题。我们可以从两个方面（即受众方面和传媒方面）来讨论这个问题。该模式受到韦伯斯特和韦克施拉格的工作成果的影响，他们也试图对观众选择过程进行解释。

1.受众方面的因素

首先是一般的社会文化环境，尤其是在生活周期中的位置和文化背景（包括教育环境和社会环境）方面。

其次是在空间和时间上接受的可能性。工作方式、睡眠方式以及其他时间的使用方式，显然对受众的接受情况具有很大影响。

再次是传媒使用习惯和喜欢特殊传媒或频道的习惯。个人对传媒似乎有一致的习惯和爱好。这种一致的习惯和爱好使得个体或多或少是可以利用的，在使用传媒的数量和类型上或多或少是有选择性的、主动的。

然后是有关对广播电视传媒内容的偏好、趣味和爱好。还有是对各种选择的认识。实际选择是由个人趣味和爱好模式支配的，但只能局限于受众在可以利用的时间所知道的各种可能性之内。

最后是接受环境，个人选择的作用通常也依赖于是独自一人接受，还是与其他人一起。在家庭共同观看电视的情况下，实际的选择常常是妥协的结果，并不反映个人喜好。他们常常是在惯性作用下，仅仅接过来看已经在收看的某个频道的节目。

2. 广播电视传媒方面的变量

显然，受众构成肯定取决于传媒带来的是什么信息，对于这种信息是如何展示的。相关的因素可以概括为以下几点：①蓄意制造的对特殊群体的吸引力（如儿童、青年、女性或特殊地区的居民）；②以类型为基础的吸引力，即根据种种可能趣味和各种节目，吸引受众观看或收听（如信息、体育、行动历险、家庭等）；③事先宣传和推荐的程度和类型；④节目的时间选择和安排，这是根据对赢得受众的不同可能性的认识，根据有代表性的趣味模式和竞争意识而做出的，在特定的限制内，受众的规模和构成可能受到节目提供者某种程度的操纵。

我们可以看到，存在着把媒体当作一种消磨时间方式的一般化满足，这种满足可能对媒体选择起指导作用。这种一般倾向受到社会文化因素的广泛影响，它逐渐转为对内容的选择。受众沿着这条路径做出或接受具体的内容选择。这一选择受到既定时间的可接受性、对各种选择的认识程度以及观看环境的更直接的影响。与此同时，选择（在传媒方面）受到传媒在特定时间实际提供内容（可以得到的选择）的限制，可能也受到传媒宣传策略的限制。

（四）受众的特点

1. 主动性

认为传媒受众是被动的或是主动的看法，在大众传播理论史上一直都存在。现在天平似乎向受众是主动的一方倾斜，而大量关于受众的社会特性的证据，也意味着受众在相当多的程序上参与了传媒的使用过程。不过主动性的含义从来都不是太清晰的，它甚至可能代表若干不同的意义。在考察受众主动性的不同含义和概念时，柏奥克提出了有关主动性的五种理解。

①选择性。这个术语通常适用于电视这种媒体。我们可以认为受众越来越趋向于主动。大量使用传媒可能被认为是不加选择的。然而，按照这个逻辑而把逃避传媒视作受众主动性的一个标志，这就不妥当了。

②功利主义。在这里受众被认为是自私自利的消费者的化身。传媒消费意味着某种或多或少自觉的需求的满足，主动地使用传媒意味着理性的和有目的的选择，这种选择受到经验的指导，如果应用，也受使用之后所体会到的功用的指导。根据定义，它也包括选择性，但如果没有功利态度，仍可能存在选择性。

③目的性。根据这种定义，主动的受众强调的是受众参与对新的信息的认知处理，并在此基础上做出自觉的选择。

④抵制影响。沿着顽固的受众的思路，主动性概念在此强调的是受众成员有力量抵制一定的影响。

⑤涉入。这里所指的是一种心理状态，可以从生理上对它进行测量。

对受众主动性概念的这些不同描述，并非都涉及与实际广播电视传媒经验有关的同步行为。它们既可以涉及事先的希望和选择，也可以涉及体验期间的主动性，亦可以涉及接触传媒之后的一段时间。有些关键点往往是五种主动性都没有触及的。例如，主动性可以凭借信件或电话而采取直接反应的形式，这种形式有时受到传媒自身的鼓励。地方性媒介和社区性媒介（不管是印刷媒介还是广播媒介）一般会拥有比较主动的受众，或提供较多的发挥主动性甚至参与的机会。

事实上，受众主动性就其自身而言，显然并不是一个令人满意的概念。由于它对于不同传媒具有不同意义，有时在行为上表现出来，有时仅仅是一个心理概念（是难以察觉的），因此对它容易做出不同的解释。在柏奥克看来，它几乎毫无意义，因为它不能被证实或证伪："按照定义，受众几乎不可能不是主动的。"尽管主动性作为一个独特的一般术语是不称职的，但学者仍以不同的形式使用它，或出于特殊目的使用它，因为它仍然有其令人信服的理论。

2. 个体差异性

广播电视艺术传播的受众首先应该是一些具体的个体存在，其最为显著的特征便是分散性和隐匿性。广播电视艺术传播的受众数量庞大，来自各个社会阶层，分布在各个年龄段，从事着不同职业。由于广播、电视媒介的分割，从绝对意义上讲，受众必然是非常分散的，并且不具备广泛的联系。大家同时收听或收看一档节目，可是相互之间并不认识，也无法交流。作为广播电视艺术的传播者，更是无法掌握各受众成员的具体情况和特点。根据德福勒的"个人差异理论"，受众是由心理、个性、背景、经历都不相同的个体组成的。正是这些个体差异，决定了受众对信息的选择注意、选择理解和选择记忆的过程都有差别。广播电视艺术传播在每个受众身上产生不同的影响，人们对信息有不同的反应，受众不是一成不变的。

更重要的是，受众是由社会中各不相同的个体组成的，其社会背景、家庭背景和受教育程度等都有所差异。人们各异的心理结构决定了他们的心理倾向与行动的不同，人们的先天和后天因素形成了个体之间的差异，人们认识客观环境的立场不同导致各自的心理结构不同，人们处于不同的社会环境导致个性的千差万别，人们认识客观世界的同时形成个体的固定素质。

受众个体审美趣味的差异无疑会使广播电视艺术传播讲究创造性和艺术性，与新闻传播相比，受众的个体差异会较多地影响传播效果。对于艺术的理解和文化产品的评价，直接来源于个体的素养和经历，这就使得广播电视艺术传播面临"众口难调"的情境。

进一步分析中国广播电视艺术节目的受众市场，我国东西部之间、城乡之间普通百姓的生活水平差距很大，受众正处在细分化的过程中。胡正荣教授认为，受众的变化过程有四个阶段：大众—分众—适位——对一。受众在信息和频道短缺的时代，基本上是电视播什么、广播报什么就看什么、听什么。而在当前，面对着众多的媒介选择，针对受众的个体差异，广播电视艺术就必须有目的、有根据地进行分众传播。

（五）受众心理的影响因素

1. 内在因素

（1）个性因素

由于先天的生理差异，以及后天环境带来的不同影响，个体之间既具有相同的心理特征，也具有与众不同的心理特征。人的心理特征主要体现在以下五个方面：兴趣、习惯、气质、性格和智能。在这五种因素中，会对受众的审美

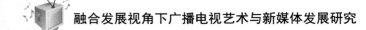

活动带来直接影响的主要是兴趣和智能。兴趣这一因素在受众选择审美对象时会产生指导性的作用。

（2）年龄因素

美国心理学家埃里克森提出了人格发展阶段论，把人的一生按照生理和心理成长的过程分为了八个阶段。他认为，"在每一个阶段里，都会出现相应的影响人格发展的主要矛盾和主要的影响者，如果人们正确处理了每一个阶段的矛盾，就会发展出健全的人格，反之，则会严重阻碍人格的正常发展"。阶段矛盾的存在会引起相应阶段的受众为解决这些矛盾而产生的、有指向性的审美活动。

（3）收视和收听心态

在广播电视传播中，受众可以保持相对放松的收听和收视心态。受众对电视的欣赏是在家庭这样一个宽松的环境中进行的，它与在电影院黑暗的环境里进行的审美活动有着天壤之别。在家庭环境中，受众可以在观看电视剧的同时进行吃饭、干家务、打电话、聊天、交流观看心得等一系列附加的活动。人们可以在同一时间内从事多种活动的心理能力为这种观赏状态的存在提供了基础。

（4）民族地域心态

民族地域心态与个性因素比较起来，是一个共性问题，也就是人们意识中的集体无意识对受众审美活动的影响。

2. 外在因素

（1）广播电视传播活动的特性对受众审美活动的影响

电视节目或电视剧在时间上跨度较长，且不可能依据受众的自身情况停机再播，因此，受众在决定收看某一档电视系列节目或某一部电视剧后，客观上就需要在相当长的时期保持这种收视行为，而不能像看小说那样可以随时中断、随时开始。这一表面上看起来颇为简单的要求，对于今天面临日益繁重的生存压力的受众来说，却是一个需要在众多事务中进行抉择的过程。这里就涉及电视节目播出时间的问题。我们常说的黄金时段就是电视台在调查大多数受众的收视时间后做出的界定，许多优秀广播电视节目都会放在这一时段播出，其目的就是让大多数受众能实现相对完整的审美活动。大众传播媒介的宣传活动也会影响受众的审美选择。这种宣传就如同做广告一样，受众一般会在一部知名和一部不知名的电视剧中选择前者。

（2）人际传播活动的影响

人际传播活动是与大众传播活动并驾齐驱的人类四大传播活动之一，是个体与个体之间的信息传播活动，也是两个个体系统相互连接组成的新的信息传播系统。这种传播活动在电视剧审美活动中最直接的表现就是个体之间就观感进行的交流或传播，其直接效果就是对彼此审美活动的引发、促进或是阻碍。受众之间的人际交流在今天这个丰富多彩、忙忙碌碌的世界里，对人们收视行为的影响是最为直接和显著的。

（3）社会政治经济文化生活的影响

人是社会历史发展的产物。意识是人类劳动实践的结果，它主要具有两个方面的特征：一是人可以主动地调节与控制他能清楚意识到的内容和行为，带有自觉性和目的性；二是人的意识活动在参与社会活动和生产活动的同时，具有明显的社会性内容。作为人类意识活动类型之一的审美意识活动也同样具有这些特性。社会政治经济生活的发展变化，文化精神的变迁，都会在人们的意识活动中折射出来，并在人们的行为中打下烙印。任何一种收视现象都是折射社会心态的一面镜子，我们应该给予更多的关注和分析，而非不屑一顾。

（六）受众的文化心理结构

国内学者对于广播电视受众的研究，存在两种基本的研究思路。一是从传播学的角度分析受众个体、受众接受及受众心理，中间融合了社会学、心理学等派别的理论和研究方法，定量的研究比较多；二是从审美和接受心理的角度去分析，借用文学批评、文艺心理学、接受美学和文化研究的研究方法，更多地运用定性分析进行研究。

就中国受众的接受心理来说，它既有人类心灵共性、人类视听觉共性的一面，又有本民族独特心理结构的一面，双方构成了一个有机的统一整体。作为广播电视传播中的受众，具备普遍意义上的各国受众收视或收听的一般特点，但不可避免的，不同国家和民族的传统习俗、文化素养和审美心理会对受众的收视或收听产生影响。下面尝试从审美心理的角度分析中国广播电视受众的心理特征。

1. 历史文化积淀

由于地理状况的差异，生产实践和经济活动方式的不同，各民族形成了不同的历史文化，不同的审美倾向、人生态度、情感方式、思维模式、行为方式、价值观念，这诸多元素相互交织，有机融合成一个民族特有的文化心理结构。这种文化心理结构经历了从雏形到胚胎到成形再到发展变化的演进过程，它在一代又一代人们的心灵中积淀下来。古代传统的文化精神会在几千年的历史发展中通过人脑的物质构造来积淀遗传甚至隔代遗传。每一种文化状态中人们的基本习性、人生态度、情感方式、思维模式等，会经过这种积淀，构成一代人的心理模式。

因此可以说，受众的文化心理结构是由民族文化发展的各个时期的精神积淀组合而成的，这就是心理学家荣格所说的"集体无意识"。这种理论认为，每一个体的心理深层结构包含着祖先在内的各个时期人们的心理体验。许多无意识的概念产生于人类的史前史中，表现在远古的神话里，这一蕴藏在人的心灵最深处的潜在力量对人们的精神发展起着巨大的作用。正如《论语》的思想、儒家的文化观念影响着世世代代中国人的思维模式，柏拉图、亚里士多德的学说对于西欧民族的文化心理塑造，《吠陀》对于印度民族的文化心理塑造，《古兰经》对阿拉伯民族的文化心理塑造，都起到重要作用。

中国的受众长期处于华夏文化的熏陶之中，他们对广播和电视作品的好恶，有着文化结构的烙印。在受众的心理中，存在着中国文化的"格式塔"。所谓"格式塔"，是德文"Gestalt"的译音，英文常译为"form"（形式或结构），或译为"shape"（形状）。但是在"格式塔"心理学中，它既不是一般人所说的外物的形状，也不是一些理论中所常说的形式，而是经由人的脑知觉活动组织而成的经验中的整体。从这个意义上讲，它也是一种心理体验结构，其中包括记忆中、思维中的叙事结构、观念结构、情感结构以至文化心理结构。受众心理中的"格式塔"需要，不仅是将眼前的刺激物组织到已知形状的结构规律中，还要将屏幕的叙事风格、情感方式、思想观念、言语行为等一切视听元素都组织到大脑深层的文化结构中。这一心理倾向预示了如果广播和电视节目的内容与大脑中的文化结构相距太远，心理知觉也会对节目内容产生抵触。

由于"格式塔"概念存在被泛化的趋势，它的消极性也更为显著。正如腾守尧指出的那样："各种完美简洁的格式塔——不管它是一种知觉样式，还是一种意象，以至抽象的观念和某种思维模式，固然会使人满足，使活动变得简单、快速、舒适、省力，但同时也会造成人对它们过多地依赖，造成一种忽视外部客观条件、仅以格式塔惯性力量行事的惯性力量。这时那种一度极力想要改变眼前现状的革命性力量（压强）便能化为一种消极的束缚力，使人们的思维活动永远按照某种简单省力的圆圈机械地进行。在思想观念领域，对这种简单格式塔的依赖，是造成凝滞不变的重要原因。"

中国受众比较喜欢有教育意义的广播节目或电视节目，希望在节目给予的娱乐中得到启悟，获得认识，受到教育。总而言之，他们不满足于纯粹的快乐。中国受众的这种教化需求是数千年"诗言志""文以载道"的文艺传统培育而成的。

"文以载道"的意思是文艺作品蕴涵的思想观念应能对人有所启迪，用作品来承载思想的厚重与深远。"文以载道"作为一种文艺方式存在于中华文化几千年的文学史和艺术史中，并将继续存在下去。无论我们是否褒贬，怎样褒贬，它首先是一种客观现实，是一种必将延续下去的客观传统。它的绵长久远可以上溯至先秦时期。那时候思想家往往把文艺与政治联系起来，强调文艺的教化作用，对文艺功能的揭示，最著名的当属汉代儒家的"故正得失，动天地，感鬼神，莫近于诗。先王以是经夫妇，成孝敬，厚人伦，美教化，移风俗"，这种传统伴随着中国文化的基本精神经年累月地发展延续下来。时至明清，戏曲、说唱艺术、小说等叙事手段出现并有所发展，正统的文人墨客开始承认戏曲小说的地位，说它"最易动人耳目，最易入人之心"，并且认为它"感人至深"，不是儒家经典所能比的，于是他们提出"戏剧之中，需劝善之意"。一直到后来的"三言二拍"，起名为《醒世恒言》《喻世明言》《警世通言》，意在对世人起到警醒之意。这些小说以全知化的视角和叙事角度，通过因果关系的设计安排，通过结尾的价值裁决，以主导文化的道德价值观，影响百姓。甚至早期的电影，也都是以"言志"和"载道"的方式表述自己的思想意念，进行道德评判的。

表述思想、体现教化的文艺作品（特别是叙事作品）世世代代熏陶着读者观众，逐渐铭刻于观众的记忆储存之中，转化为观众的欣赏经验，演变为观众的审美需求。这种教化需求渐渐成为中国受众审美心理的"集体无意识"，成为他们期待视野的一部分。因此可以说，对广播电视节目的教化需求、启悟需求是中国受众文化心理结构的一个重要特点。

2. 重伦理观念

中国是"家文化"传统浓厚的国度，重亲情、重伦理和重血缘是中华民族的文化特色。伦理秩序和伦理秩序中的个人及其职责，是中华文化的主要内容，同时也是中国观众"格式塔"的重要元素。

几千年来，中国文化的伦理精神早已遗传、渗透和铭刻在人们的心理结构之中，或者内化为人们的自我和自觉，或者让其感到无法摆脱，制约深固。正因为伦理限制与人们息息相关，所以伦理成为观众感知、判断和评价广播电视节目和影视故事主人公的重要参照系，成为他们关注故事和品味故事的重要依据。从广播电视作品的叙事语法来看，任何故事的叙事主体都有赖于受众的认同，而促使我国受众在潜意识里认同主体、亲近主体和关心主体命运的前提是主体（正面主人公）的言行是否基本吻合或者在主要方面吻合中国的传统道德。

3. 团圆之趣

随着历史的发展，要求戏曲以大团圆结尾的观戏心理又延续到观影心理之中，也影响了人们对广播电视节目的收视和收听心理。受众总是不自觉地期待着影视节目结尾出现"有情人终成眷属""善有善报，恶有恶报"的大团圆结局。

中国传统文化讲求整体的和谐，讲求君仁臣忠、父慈子孝、长幼有序、兄弟和睦的融洽氛围。这种和谐氛围、心理状态的取得，仰赖于修身养性。而修身养性又建立在安贫乐道、乐天知命的人生态度中。心平气和的心理状态还仰赖于良好的人际关系。个体只有对其他人宽以相待，与其他人和睦相处，才会觉得心安气顺。

美国心理学家勒温从理论上解释平和的心境与人际氛围之间的关系。他认为，个体的心理状态是个"心理场"，而"场"被爱因斯坦看成互相依存的现存事实的整体，个体的心理经验是由个体与周围人际环境的相互作用所组成的。因而，"场"论认为，心理状态既非单独由个人主观造成，也不单纯由外界造成，而是主客观双方相互作用的产物。每一个人与群体、与他人和谐相处，是他内心和谐的基本条件之一。

在中国，天人关系、人际关系以及身心关系都离不开一个"和"字。天人不和，即有天灾；人际不和，便有人祸；身体内阴阳之气不和，必生病成疾。讲究中庸之道，崇尚天人合一。

4. 山水画的视觉方式

中国观众的视觉方式有传统方式和现代方式之分。现代方式不仅源于创新，还受到世界现代绘画观念的影响。中国古代人物画、风景画的特殊视点，源自中国人观赏戏曲的特殊视点。

小农经济的生产方式和大家庭的团圆生活状态决定了我们的祖先日出而作、日落而息，入于农舍内桌凳炕席，出于农舍外广阔天地。这两个空间构成了农民们的生存空间。农民们的视线运动也因此与自己的生产方式、生活方式和人生态度相呼应：由近及远（由农舍内望至农舍外），由远及近（由农舍外望至农舍内）。因此，中国人自古就有移远就近、由近知远的空间意识。

中国古代文人也承袭了这种空间意识，他们多从近处的窗、台、楼、榭向远处眺望，目光到达高远无际的地平线，发表感叹之后再将目光由遥远的天际拉回到社会人生的近景中来。他们的作品也反映了这种视线的循环。例如，陈子昂的《登幽州台歌》："前不见古人，后不见来者，念天地之悠悠，独怆然而涕下。"前三句是由近及远的写照，后一句是由远及近的描写。此外，还有辛弃疾的《水龙吟·登建康赏心亭》，先登上亭子"遥岑远目"，后"近看吴钩，拍遍栏杆"等。这一空间观念与中国主流文化的入世精神和实践理性不无关系。由于现世伦理的制约，中国画的视线不必像西方画那样追求固定视角的空间透视，而把视线伸向远方。

中国山水画的空间概念表现出这样的倾向：中国传统的审美视点绝不推向透视的极远和无限。中国画不追求对大自然无穷空间的无尽探索，而是将远眺的视线回落到现实近景上来，表现出对周围环境的关注。这种视觉习惯遗传积淀到影视观众的视觉经验结构中后，便使他们习惯于中国的影视作品在抒情时由近及远、由远及近的运镜方式和组接方式。

中国人物画的视觉表现方式同样影响到后来影视作品的空间表现方式和受众的收视习惯。这种视觉方式不断沉淀和重复，逐渐定型为一种相对稳定的视觉习惯，成为观众视觉心理经验中的"格式塔"。表现在电影观众那里是爱看中景、全景镜头，爱看中景、全景镜头中人物的全身性活动，对画面内叙事内容的关注超过了对画面色彩、光影、构图等空间信息的关注；喜欢在稍高机位上的俯拍视点看大场面，喜欢看画面由近及远的镜头纵深运动，也喜欢看摄影机由远及近的拉缩运动。这种偏好也影响了受众对后来出现的电视节目和电视剧的视觉表现形式的收视习惯和审美心理。电视是家庭媒体，更讲究还原生活，更有亲和力。电视作品中的镜头多符合观众日常的观看习惯，多用中近景，较少用远景和全景。符合电视艺术自身的特点和受众的收视心理。

（七）受众的审美心理特征

从接受美学的立场上来看，广播电视艺术的受众就不只是信息的接受者，还是这种艺术作品的完成者和艺术价值的实现者。广播电视艺术并非仅仅意味着编导制作出节目，再由电台、电视台组织播出便可宣告完成。从广播电视艺术的传播和交流来看，广播电视既是手段、工具，也是目的本身；作为艺术传播的手段和工具，它必然要诉诸具体的对象，即受众；而作为一种具有自身的艺术目的和品格的艺术品种，它更需要在现实的审美接受中得以具体化，通过与受众的切实的审美交流实现其固有的艺术价值。无论是传播各种已成的艺术，还是创造自身的艺术形象和艺术价值，广播电视艺术如果未经受众的接受，显然只能是一种未完成品。

大众传播理论认为，在媒介与受众之间存在一个双向交流的过程，广播电视媒介也是如此。那么，与时代观念联系紧密的广播电视艺术作品，当然更需要了解观众的审美需求、审美心理的变化，这既是吸引受众、提高收视（听）率的需要，也是广播电视艺术自我提升的需要。我国广播电视受众的审美心理更多地来源于中国传统文化和民族的审美习惯、美学观念。我国古代的优秀文化是一座丰富的宝库，给我国人民以丰富的精神滋养，形成了他们电视审美心理上特定的"物理境""心理场"。中华民族传统文化积淀中"入世""中庸""和谐"的哲学理念和浓厚的"内省"的审美意识，对我国广播电视受众的审美心理影响深远，形成了自身独特的趋同性、内省性和参与性等审美心理特征。下面就从这三个方面加以分析。

1. 审美的趋同性

在中国传统文化中，儒家学说影响深远，提出"治国平天下"的入世理论；强调整体利益高于一切；个人不是一个独立的整体，而是社会的一个角色；个体是渺小而微不足道的，整体是最高的存在；个人的存在只有被整体所包容时才有价值。这种观念也体现在当代广播电视受众对广播电视艺术作品的审美接受心理中。中国受众注重自己的观念与社会观念的一致性，容易受周围人的审美观念的影响，表现出审美的趋同性。

这种趋同性表现在对广播电视艺术作品的审美接受上是受众容易对大家谈论较多的节目感兴趣，乐于参与评论。例如，对中央电视台名牌栏目《新闻联播》的关注，一方面是受传统观念中国家、集体、社会利益高于一切的影响；

另一方面则是因为这个栏目的热播，对于大家都关注、议论的节目，如果自己没看过就觉得似乎脱离了集体，产生一种危机感。一方面，对优秀广播电视节目的审美一致性，容易使人产生集体主义感和对公共事务的参与感；另一方面，这种审美趋同性也造成了一些不良影响，对他人审美趋向的盲目跟从会使人们失去自己的审美评判标准，丧失审美的独立性。

2. 审美的内省性

儒家学说的创始人孔子曾提出"吾日三省吾身"的主张，并建构了一套带有十分明显的内倾性的文化观念体系。中国传统美学将理性的"内省"作为审美意识形态建构的重要内容，洋溢着我国民族传统文化的"中和"精神，即在审美意识建构中，要求通过内心的体验、反省和领悟等过程，把一切内外在的矛盾因素，全都消解在对人生的充分肯定中，以获得对人生意义的领悟。反映在艺术表现和接受上，这种审美意识强调情与理、景与情以及物与我之间的和谐统一，要求主体保持"乐而不淫，哀而不伤"的审美态度，追求主体实践与客观规律、理想与现实、内容与形式、再现与表现的和谐统一。

这种追求也表现在受众对广播电视节目的欣赏中，在谈话类节目和益智类节目中尤为明显。首先，观众比较欣赏节目的理性、伦理意味，这契合了他们的审美心理。其次，节目氛围符合他们的欣赏习惯。嘉宾、观众的表现都礼貌得体，很有分寸。即使激烈争论时也恪守"有理不在声高"的讨论原则，有对立而没有对抗，追求一种理性控制矛盾的内在和谐风格。

这种自省的、理性的审美心态也有其局限性：一方面，对理性的过分重视会使电视节目充满说教色彩，有政治理论灌输之嫌；另一方面，对伦理性与和谐之美的强调也会产生一些负面效应，即让受众缺乏直面人生、直面自我而进行自我拯救、自我超越的勇气。

3. 审美的参与性

中国传统的"入世"精神也影响了我国广播电视受众的审美心理。每个人都有参与的需要，融入生活、学习和工作，进行人与人之间的交流。然而，由于受传统观念的束缚，个体几乎没有表达自己观点和需要的权利，在对共性的张扬中压抑了个性；再者，中国传统观念中重含蓄、和谐，不喜张扬的心态也不利于观众自由地发表自己的看法。改革开放以来，对个性发展的鼓励，使这种参与的热情得以释放。广播电视节目也有意识地增加受众的参与机会，形成受众与节目的良性互动。广播电视为受众创造一种交流的氛围，一种直接的语言交流环境，实现其与受众的精神互动。任何广播电视节目，其本质都是一样的，力求形成主持人与嘉宾和受众间的精神互动，让一种精神的力量流动在媒体与受众之间。

总之，中国传统文化中的许多观念和审美意识构成了我国当代广播电视受众审美的心理背景，形成了他们审美的趋同性、内省性和参与性等基本特征。我国广播电视节目工作者和理论研究者只有深入地了解受众的审美需求和审美心理特征，才能不断创新，在节目与观众间形成良性互动，真正创作出思想深刻、艺术精湛以及技术精良的精品节目，完成节目质量与品格的提升。

第三章　新时期广播电视艺术的发展

21世纪以来，以网络和手机等为中心的新媒体的高速成长带来了媒体格局的深刻转变。新媒体在冲击广播电视艺术的同时，也为广播电视艺术提供了新的发展方向。以下以城市电视台为例，以小见大，由微观辐射全貌，从我国广播电视的宏观环境和产业环境、我国广播电视媒体的优势与劣势、进入新时期之后我们的广播电视艺术该如何发展这几个方面，分析和探讨新时期对我国广播电视艺术发展的要求，以点带面，对全国广播电视媒体进行思考。要想分析新时期对广播电视艺术发展的新要求，我们首先需要对广播电视产业所面临的宏观环境进行分析。本章分为我国广播电视的宏观环境和产业环境、我国广播电视媒体的优势与劣势、广播电视艺术在新时期该如何发展三个部分。

第一节　我国广播电视的宏观环境和产业环境

一、广播电视的宏观环境分析

中国的广播电视行业由"四级"构成，即中央级广播电视、省级广播电视、地市级广播电视和县级广播电视。一直以来，中央级广播电视所受关注最多。而伴随着卫星技术的发展，省级卫视也得到了蓬勃的发展，相比较而言，近几年来，曾为中国电视业的繁荣和发展做出过重大贡献的城市电视媒体，却陷入了新闻受众流失、录播设备老化、广告收入锐减、专业人才匮乏、新兴媒体与境外强势媒体联合挤压的困境中。

面临着越来越大的生存危机，有人用"战国时代"来形容目前广电传媒的竞争现实，一点也不为过。而在一片烽烟之中，城市广电集团所面对的市场环境是极为不利的,尤其是省会城市广电集团,其与省台之间的竞争只能用"惨烈"来形容。城市电视台是广电行业中最为庞大的队伍,在中国广电产业体系中数量最多,同时也是广电产业经营中具有潜力、比较活跃的一个群体,其未来的发展趋势甚至可能预示和反映未来国内广电产业的走向,它的发展直接关系到我国广电行业改革的成败,因此,业界、学界应对其行业地位予以足够的重视。

(一)经济环境方面

广电行业作为文化产业的重要分市场,必然会受到宏观经济环境的直接影响。

以经济建设为中心的改革开放带来的市场化运作潮流,特别是计划经济体制向市场经济体制的转变,使广电行业产生了根本性转变。首先,从生产方式上看,正在实现事业化运作向市场化、产业化运作的转变。其次,从主导资源配置的力量上看,计划经济体制下,政府力量绝对垄断广电行业的资源配置中;而在市场经济体制下,出现了政府和市场两股力量对资源配置权力的分配,政府的职能正向宏观调控转变,市场越来越多地参与到微观操作层面的资源配置中。最后,从资金来源结构上看,在计划经济体制下,广电的资金单纯靠国家财政拨款;进入到市场化运作阶段,资金来源多样化,国家财政拨款、广告收入、企业赞助、社会资本等形式并存。

市场规模往往可以用消费者数量、购买力和购买欲望来衡量。对于广电行业而言,以受众市场为中心,消费者数量即观众数量,购买力即收视时间,购买欲望直接受观众闲暇时间多少的影响。目前我国电视行业发展的现状,是由多方面因素造成的,其中之一就是营销领域的创新。这是市场对所有传统媒体在新媒体大环境下的要求。广播电视深知应该将自身的特点与新的技术与环境相结合才能屹立不倒。任何行业要想发展就必须不断地吸收先进的技术和学习新兴行业的发展经验,媒体工作者们深知这一点,就新媒体自身的特点而言,其与传统媒体有着很大的不同。例如,新媒体具有新的技术,新的运营模式,等等,这些特点与传统媒体并不是不能相融的,因此,如何将新媒体的特点与广播电视媒体的运作相结合,将传统广播电视媒体也转变为"新媒体"是传统媒体在未来主要的思考方向,也是现在广播电视从业者主要的研究方向。

(二)政府规制方面

政府规制是产业规制的主要手段之一。根据产业经济学的定义,政府规制是指政府为实现某些社会目标，而对经济中的经济主体做出的各种直接的具有法律约束力的限制、约束、规范，以及由此引出的政府为使经济主体的行为符合这些限制、约束、规范而采取的行动和措施。在市场经济条件下，政府规制具有的特点：规范的主体是政府；规范的客体是市场经济活动中的经济主体，包括企业和消费者，但主要是企业；规制的执行是有成本的。政府规制依据政府应用的规制手段可以分为法律规制、行政规制、价格规制、审计规制、会计规制、金融规制、计划规制和财政税收规制等，西方发达国家都形成了以法律规制为龙头的政府规制体系。我国的广电行业仍以行政规制为主导，法律规制手段正在进一步完善，其他规制手段如税收规制等开始形成。

（三）文化体制改革方面

我国目前正如火如荼进行的传媒产业发展的制度创新活动，主要源于2003年以来政府不断推动的文化体制改革。中国传媒产业的大发展和大改革，其宏观背景是近年来逐步深入的文化体制改革。中国的文化体制改革和传媒产业改革，离不开国家相关部门的一系列政策推动和产业规范。

我国文化体制改革遵循着自上而下的改革路径，从经济学角度看，是一次由政府发动的强制性文化体制变迁，这有助于减少改革阻力、降低改革成本。自2003年以来，国务院颁布实施了诸多重大文化体制改革的政策法规，其中，《关于深化文化体制改革的若干意见》（以下简称《意见》）是最为全面的文化体制改革设计总蓝图。《意见》指出，加快文化领域结构调整，要合理配置文化资源，盘活存量，优化增量，要大力推进文化领域所有制结构调整，坚持以公有制为主体，鼓励和支持非公有资本以多种形式进入政策许可的文化产业领域，逐步形成以公有制为主体、多种所有制共同发展的文化产业格局。《意见》指出，培育现代文化市场体系，要加强文化产品和要素市场建设，打破条块分割、地区封锁、城乡分离的市场格局，形成统一、开放、竞争、有序的现代文化市场体系。

中华人民共和国成立以来，传媒业经历了三次大的变革。第一次变革始于1978年，以《人民日报》为代表的八家中央级报刊要求实行"事业单位，企业化管理"，以这次变革为契机，催生了中国传媒产业；第二次变革始于20世纪90年代中后期，表现为报刊业的"经营与采编剥离"，广播影视业的非新闻节目"制播分离"，这次变革加速了传媒市场主体地位的确立；第三次变革始于 2003 年，表现为"事业与企业两分开"。深化文化体制改革是中国传媒第三次体制变革的大背景。第三次传媒管理体制改革的总的特点是从"传媒运作机制"的变迁到"传媒管理体制"的实质性变革。

如果说以往的传媒改革是在尊重原有计划体制及其既有的利益格局的前提下，在计划体制内部逐步引入市场运作机制的局部改革，那么第三次传媒改革已经进入到"培育新型市场主体、完善投融资体制、转变政府管理职能"等传媒体制的核心领域和阶段；以往传媒对资本的渴求只能靠"明修栈道，暗度陈仓"的方式，遮遮掩掩地进行，而在经营性文化事业单位转制为企业之后，媒介的市场主体地位得到确认，资本作为市场要素就能按市场的要求实现自由的流动，有法律规范的传媒投融资体制将解决传媒对资本的渴求。第三次传媒管理体制改革，应该说是多年来传媒市场运作机制改革，由量的积累向建立适应社会主义市场经济体制的传媒管理体制转变的质的飞跃。这必然成为整个中国传媒业最深刻的一场体制变革，并将极大地推动我国传媒文化产业的发展。创新体制模式，就是要与时俱进，通过创新，寻求有利于解放和发展文化生产力的新体制、新机制和新型管理模式。传媒文化产业作为公共性较强的文化产业领域，其体制模式创新的基本原则应当是"既有利于产业化运营，又确保党的领导和正确的舆论导向"。"有利于产业化运营"，就是要大胆借鉴国际传媒跨国公司的运营经验和管理经验，遵循文化市场的经济规律。在国家文化体制改革的强力推动下，传媒集团作为传媒文化产业和市场主体的微观细胞，为获取体制创新的巨大利益，在国家文化体制改革的总体框架下，都应自觉地投身于探索适宜自身发展的最有效的传媒组织形式。

（三）技术环境方面

随着计算机和互联网技术的飞速发展，数字媒体技术正在以令人无法想象的速度向前发展，同时，还对各行各业的发展起着深远的影响作用。新技术和传媒手段的发展，使得传统的广播电视受到了猛烈的冲击，媒体行业也因此产生了一系列的持续变革，传统的媒体也就成了"弱势群体"。广播电视能否清晰地认识自身所处的现状、明确自身的优缺点、充分借鉴新形式的媒体优点并与新媒体相互融合，是它能否在时代前进的浪潮中屹立不倒以及继续良性发展的关键。只要广播电视依然秉持着自己的传播特点，就有机会在新媒体的冲击下占据先机，可见，广播电视艺术还是有一线生机的，甚至可以借助数字技术实现跨越式的发展。新技术能够改变现有的传播模式。传播技术的进步过程也是媒介市场优胜劣汰的进化过程，最先掌握并运用新技术的那些组织往往会成为市场的大赢家。

1. 广电行业的技术环境

新技术能够改变现有的传播模式。传播技术的进步过程，述说起来也是媒介市场优胜劣汰的进化过程，最先掌握并运用新技术的那些组织往往会成为市场的大赢家。广电行业的技术环境包括技术水平、技术政策和技术发展动向等几个方面。具体来讲，应该关注：电视节目制作、播出环节的现用技术和可用技术；电视节目制作、播出环节的技术发展动向，新技术的发明以及应用的新动向，特别是竞争者的技术开发、应用动向；电视节目制作、播出环节技术对竞争地位的影响。技术环境往往能够改变市场的竞争格局。

2. 三网融合和数字化对电视市场的影响

首先，三网融合。三网融合简称"3C 革命"，是信息技术革命的大势所趋。其次，数字化。数字化是各国媒介技术发展的重点。最后，商机。三网合一、数字电视会给电视市场带来新的商机。以有线电视网络为例，实现三网融合后的有线电视网络可以提供视频业务、音频业务、数据业务和话音业务等多方面的服务。

（四）社会环境方面

第二次世界大战后，特别是 20 世纪 60 年代以来，世界范围内的一体化经济市场逐步形成，地理概念上的国家界限越来越模糊，民族国家的权力受到削弱，市场经济成为全世界通用的经济模式，资本、技术甚至消费行为的一体化正在出现。经济全球化是世界各国在全球范围内的经济融合，是资源在全球范围内的流动和配置，而资本又是所有资源里最重要的，因此，经济全球化的实质就是资本跨越国界和任何障碍的自由流动。在全球化生产消费活动形式的背后，是全球化的经济实质——资本运动的全球化，所有全球性的生产消费活动都附着在全球化的资本运动之上。而资本的全球化运动，其实就是西方资本集团建立起来的世界性的资本循环与周转。全球化给我国广电行业带来的既是机遇又是挑战。

首先，挑战，即外资将以各种形式介入电视节目的制作、流通、播出、广告经营和资本运作领域，全球性的媒介产业集团将会涉足我国的广电行业。如果我国的广电产业在全面对外开放之前不能做大做强，国外跨国媒介产业集团将会涉足中国市场，在获得巨大的经济利益的同时，蚕食中国的本土文化产业。因此，全球化带来了"狼来了"的普遍危机感。其次，机遇，即我国媒介产业实体利用全球化带来的"走出国门"的思路，拓宽我国媒介市场的领域，进而形成全球性的国际大市场。

二、广播电视的产业环境分析

（一）产业布局方面

与其他产业相比，媒介产业的条块分割情况严重且根深蒂固，也成为媒介产业进程中亟待解决的深层次问题。计划经济体制下，中国新闻媒介都是依照行政区划来创办并运行的，形成了由"四纵、四横"组成的产业"井"布局。所谓"四纵"，就是依照报纸、广播、电视、网络四种媒介形态，分属不同的机构进行管理。所谓"四横"就是依照行政级别形成的管理格局。所有的媒介被分为中央级、省（直辖市、自治区）级、地市级和县市级，媒体被贴上了行政级别的标签。"四纵"和"四横"交叉，形成了典型的"井"字形结构，把媒介产业人为地割裂开来。虽然方便了管理主体的管理，但给媒体联动增添了很难逾越的障碍，难以形成全国统一市场，也为新闻媒介地方垄断提供了体制资源。

北京大学的陆地教授认为，从行政角度来看，中国电视产业呈三角形，三边分别是唯一的国家电视台——中央电视台、32 个省级电视台和城市电视台。从综合市场即无差异市场角度看，中国电视产业是伞形媒介与井形媒介的组合。陆地认为，虽然行政级别不同，电视资源不同，市场定位不同，经济实力不同，但三边在市场竞争中确实基本上是无差异的。"所谓伞形媒介，亦可以叫网形媒介，指的是具有跨市场经营能力的媒介，省级电视台和中央电视台属于这种类型的媒介。它们一是，有行政资源可以'借'用，二是，拥有卫星电视频道，因此，它们可以在全国乃至全球进行跨地区跨市场经营和竞争，其市场可以像伞或网一样'可大、可小、可远、可近、可疏、可密'。"

电视媒介技术赋予的特征，使得电视覆盖可以在很大程度上跨越媒介所在地的限制，如中央电视台具有庞大完备的国内覆盖网和倾斜性政策规定，例如，其他电视台必须完整转播中央电视台的《新闻联播》节目，而且不允许随意插播广告，保证中央电视台《新闻联播》节目的连续性。省级电视台上星也为跨地区覆盖提供了条件。"伞"形和"井"字布局是相互交叉的，省级电视台虽然有"伞"形特点，但它们本身又是在"井"字布局之中的。而城市电视台就像"井形媒体"，行政资源匮乏、缺少卫星电视传输手段，像一口井一样，横竖不能移动。因此，央视和省级台的反复挤压，会对城市电视台造成大面积的杀伤，城市广电媒体将面临大幅度洗牌的境地。

（二）竞争态势方面

有人用"战国时代"来形容目前广电传媒的竞争现实，这样的形容并不为过。而在一片烽烟之中，广播电视所面临的市场环境是极为不利的，尤其是省会城市广播电视，其与省台之间的竞争只能用"惨烈"来形容。从全国范围来看，这种竞争来自以下两个方面。

1. 纵向竞争

对手是上级媒体，或者说是中央台和拥有上星频道的省级媒体。这是一个强大的"狼群"，正在蚕食着城市台的市场。中央台十多个频道、省台数个频道，加之十多个卫视频道，还有尚未形成规模的数字电视，足以压得城市台喘不过气来。而且，不仅仅是在有线网内，即便是无线台，除去转播新闻节目外，还要无条件完整地转播中央1套和当地省台1套的其他节目（包括广告），在市场经济的今天，这种行为显得不合时宜。

2. 横向竞争

对手主要是同级的其他传统媒体，主要包括报纸、杂志等。虽然从总量上看，平面媒体无法同广电媒体相对抗，但各个传播媒介都有其特殊性，特别是某些平面媒体采用低价格倾销政策，在一定程度上扰乱了市场。事实上，省台与市台相比其竞争优势体现在以下几方面。首先，省台的覆盖是低成本甚至是无成本实现的，而得到的广告回报可以是城市台的数倍。其次，省台还拥有覆盖全国的上星频道，它的一个基本战略就是用上星频道的资金实力作为地面频道对抗市台的砝码；相对而言，市台只能用有限的财力进行抗争。最后，省台具有很多市台不具备的政治资源。

从收视率的竞争到广告竞争，实际上已经呈现出了一个大家都不愿意看到的局面，就是媒体之间对话语权、对公信力、对影响力的竞争，已经发展到互相有对立情绪，甚至是在自己的媒体上直接发布竞争性内容的地步。在电视媒体的竞争上，甚至已经发展到了互相开价吸引主持人、直接去动摇节目基础的地步。

（三）市场方面

改革开放以后，我国广播电视产业迅猛发展，实力明显增强，正在成为一个广播电视媒体大国。作为世界贸易组织的一个大的成员国，广播电视产业不可避免地要参与国际竞争，适应传媒产业全球化的发展需要。从国际形势以及我国和平崛起的总体战略看，我国广播电视产业的发展既有机遇，又有挑战。我国广播电视产业是传媒产业的一个重要部分，广播电视的发展程度取决于整个传媒产业的发展环境、机遇和政策。因此，广播电视产业面临的机遇和挑战，也正是我国整个传媒产业所面临的机遇和挑战。目前，我国广播电视市场仍处于发育时期，主要表现在以下4个方面。

1. 市场主体缺乏

在广播电视由事业向产业转变的过程中，"事业单位、企业管理"是确立市场主体的谨慎的一步。但是这种转制在本质上并未能脱离"政府办产业"的框架，当前的广播电视经营部门并不是完全意义上的独立的市场主体。这种起始阶段的发展模式是由我国特定的宏观体制背景决定的，它能使广播电视产业借助政府的力量迅速成形和起飞，但无法从根本上解决产业的可持续发展问题。

2. 市场管理体制有待革新

广播电视市场管理体制涉及国家宏观管理和微观管理的协调，涉及广电组织内部管理体制的创新。国家要转变为宏观管理者而不是微观管理者，要将管理权下放，促进形成优胜劣汰的良性循环机制。

3. 价格市场形成机制有待确立

价格在商品和要素市场上根据供求关系的变化，在经济主体的竞争中形成。广播电视节目作为特殊的商品，在价格形成机制上要评估其智力因素、服务因素等，但是要承认，广播电视节目等产品也是要按照价格机制来进行交易的。

4. 统一的产品市场和要素市场尚未形成

我国广播电视市场规模巨大，然而规范的产品市场和要素市场还未形成。广播电视行业壁垒尤其是行政壁垒重重，使全国范围内的广播电视产品市场被重重分割，要素市场如统一的人才市场、金融市场的形成难度则更大。行政区划与广播电视台覆盖、节目内容密不可分，行政命令代替了价格机制和市场调节。

（四）法制建设方面

在信息时代，人们对新媒体信息传播能力的依赖程度逐渐提高。虽然人们对新媒体的界定依旧存在争议，但这并不影响新媒体的蓬勃发展，以及对新的媒体传播语境的构建。新与旧都是个相对概念，因此，新媒体更多是相较于电视、广播、杂志、报纸等传统媒体而言的一种传播手段。但这种传播手段依赖于互联网与信息技术，这对信息传播产生了广泛而深刻的影响。虽然自 20 世纪 80 年代以来，我国广播电视业已经初步建立起了以一系列的行政法规和规章制度为基础的传媒业规制体系，有关法律、法规也逐步趋于完备，但在我国的广播电视业的"条块"管理模式和事业单位体制下，行政管理机构集团集资产所有者、管理者和调控者于一身，以致各项法律、法规的实际执行仍然在相当程度上受到行业、部门甚至地方利益的制约。这尽管是我国的特殊国情导致的，但这种模式与信息社会的发展要求以及与大力倡导建立法治国家的目标相去甚远。因此，众多专家学者以及业界人士一致呼吁，应借鉴国外的成功经验，根据我国的具体国情，建立和健全有关广播电视的法律法规体系，使媒体、受众、经营者、管理者都明确自己的权利和义务，唯有如此，才能使中国广电业真正步入健康发展的轨道。

我国现行的有关广播电视产业管理的近 130 个法律文件中，除了《著作权法》和《广告法》是以国家专门法的形式颁布实施，以及《广播电视设施保护条例》和《音像制品管理条例》《广播电视管理条例》等 44 部法规是国务院颁布实施的外，其余全部是部门规章。问题不仅在于大多数法规文件的颁布者的权威性不足，还在于法规文件本身的权威性也不够。据不完全统计，在每年颁布的有关电视产业管理的法规文件中，有 60% 以上是以"通知"或"紧急通知"的机关文件形式出现的，其余的大多是"意见""办法"，还有的是"暂行办法"。

这些以文件形式出现的法规，相互之间缺少必要的联系，甚至有相互抵触的情况，这将产生消极的影响。我国广电产业的法律规制无论是规制理念还是规制手段和规制内容，都亟须健全。

第二节　我国广播电视媒体的优势与劣势

一、宏观视角广播电视媒体的优势与劣势分析

战略因素的分析是制订战略的前提和基础，只有认真地进行战略因素的分析，才有可能制订出适合本集团的战略。通常情况下，战略因素分析包括外部关键因素分析、内部资源因素分析，以及组织目标分析三方面内容。外部关键因素分析主要探求外界环境的变化：传媒集团所置身的外界环境正在发生什么，将要发生什么；经济和政治形势如何；竞争情况怎样等。内部资源因素分析则立足于传媒组织的内部条件，探求内部资源的可获得性，如人力资源情况、组织核心能力等。而组织目标分析所涉及的则是在对内外分析的基础上，结合传媒组织的愿景、使命及领导风格，继而确定合适的组织战略目标。

（一）广播电视外部关键因素分析

影响城市广播电视竞争力的外部关键因素有哪些？哈佛商学院迈克尔·波特教授对此问题做了解答，他创立的 5 种竞争力量模型成为研究行业竞争态势的经典理论。迈克尔·波特认为，企业最关心的是其所在产业的竞争强度，而竞争强度又由市场上存在的 5 种基本力量所决定，分别是供应商的讨价还价能力；购买者的讨价还价能力；潜在新进入者的威胁；替代品的威胁；行业内竞争的激烈程度。

上述 5 种力量是驱动行业竞争的根本性力量，它们的联合强度影响和决定了企业在行业中的最终盈利潜力。企业可以通过行业结构分析，了解自身所面临的竞争情况，并采取相应的竞争性行动，增强自己的竞争实力，以使自己处于更有利的竞争位置从而能够获得持续发展。根据这一模型原理，结合中国传媒行业固有特点，从根本上看，影响传媒行业的关键因素有以下几种：政府的管理政策；广告客户的议价能力；受众的消费取向；替代品的威胁程度。对于任何一家广电媒体而言，要想在竞争环境中应付自如，首先必须了解这几种因素究竟涉及哪些层面。其中，现有各传媒组织之间的竞争构成了外部环境的最

重要的因素。

受众拥有越来越大的选择范围。在新媒体语境下，传统广播电视媒体的权威性必然会受到挑战，而其在战略转型中面临的困境也更加复杂。例如，信息传播方式单一、节目内容僵化；受众的参与程度不高，与节目难以形成有效互动，降低了收听收看的热情；服务意识不强，在媒体融合中存在诸多壁垒；盈利模式单一，覆盖面狭窄。当然，在新媒体语境下，广播电视也不是一无是处，信息准确性高、公信力强等优势使其受众相对成熟且稳定。基于此，广播电视应从长远发展考虑，结合优势与劣势积极探索战略转型策略。而信息时代一个重要的标志就是传播渠道多样化，从而使人们在选择传播媒介时有了更高的自由度。一方面，是来自大众传媒内部的多样化，大众媒体普遍地由大众化向分众化转变；专业电台频率、专业电视频道大量涌现，媒体品种丰富、数量繁多。另一方面，新技术拓宽了传播媒体的内涵和外延，被称作"第四媒体"的互联网无疑已成为许多人获取信息的重要传播渠道，而且将有越来越多的人加入这个行列。传播渠道的多样化，对一家传媒组织来说则意味着其目标消费群的不断流失。

可以毫不夸张地说，单个节目收视率的下降是一个不可阻挡的必然趋势，传媒组织必须走细分化、集群化发展之路，不断推出新产品，占领各细分市场份额，从而形成集团发展合力。

受众不再仅仅扮演被动接收者的角色。技术的不断进步，使传播学意义上的受众失去了原有含义。新技术的一项重大革新是实现了信息传播过程的及时互动，受众从以往的单一接收者角色开始向既是接收者同时又是传播者、发布者的混合角色转变。而不可否认的是，大众传播的线性传输方式越来越向网络状、发散状的方式发展。

受众消费行为的随意性。受众消费行为的随意性主要是由两方面原因造成的。首先，信息产品的特性。信息产品是易消费品，获取、消费信息的成本都是较低的，比如，广播电视节目的收看几乎是免费的（目前城市地区每户每月只需支付几十元的收视费），尤其是我们的传媒普遍奉行依靠广告获利的运营策略时，信息产品是易消费品的特征将更加突出。其次，信息同质化。虽然市场细分、内容为王已成为我国传媒业界广为接受的经营理念，但事实上，信息同质化现象在国内仍然相当普遍。相互模仿，一部电视剧同时在多个电视频道重复播出并不是偶然现象。信息同质化导致的直接后果是受众消费行为带有强烈的随机性，因为他们发现接触任何一种媒体，获得的信息几乎没有太大差异。由于上述因素，对受众的选择应作为传媒组织的重要战略决策依据之一。

1. 政府的管理政策

政府规制是产业规制的主要手段之一。依据产业经济学的定义，政府规制是指政府为实现某些社会目标而对经济中的经济主体做出的各种直接的具有法律约束力的限制、约束、规范，以及由此引出的政府为使经济主体的行为符合这些限制、约束、规范而采取的行动和措施。目前，我国正如火如荼进行的传媒产业发展的制度创新活动，源于 2003 年以来政府不断推动的文化体制改革。中国传媒产业的大发展和大改革，其宏观背景述说起来是近年来逐步深入的文化体制改革。在我国特殊的体制下，政府政策管理在广电传媒行业的发展中占据着重要的地位。我国广电传媒的性质是党和政府的喉舌，是实行"企业化管理的事业单位"，实行有限的商品化运作，这一特性决定了政府管理政策对我国广电传媒业的影响至关重要，并直接决定着我国传媒行业的结构形态，在此结构下单个组织形成其相应的运营方式。这种影响表现在以下几个方面。

（1）进入壁垒

现有政策规定使广电传媒产业成为进入壁垒极高的行业。广播电视事业必须由国家发展，国家禁止设立外资经营、中外合资经营和中外合作经营的广播电台、电视台。这项政策规定对已经获得从业资格的传媒组织来说，是有利的。现有的传媒实际上获得了政府赋予的"专营权"，故而传媒行业内面临的市场竞争对手的数目、竞争的激烈程度、竞争对手的实力等都显著低于其他行业，这也是传媒业得以快速发展的一个非常重要的原因。而不利的一面则表现为传媒市场竞争的低级与无序。许多媒体虽然经营不善，却得以继续维持生存，其原因是其背后往往代表着某个主管部门的利益。

（2）产权归属和事业性质

传媒是党和政府的"喉舌"这一管理基调，决定了传媒组织所有权理所当然地归属国家所有。这一管理政策为传媒业带来的优势表现在："喉舌"性质赋予了传媒巨大的"无形资产"收益。传媒业同党政领导部门有着"近水楼台"的密切关系，并在社会公众中具有普通企业难以企及的威信和声望。而不利的一面则是，产权界定不清，传媒业无法遵循市场竞争规则建立现代企业制度，这无疑会阻碍传媒组织进一步做大做强。我国加入 WTO 后，在境外传媒巨头伺机进入中国市场的大背景下，我国媒体现有的整体实力显然是无法和跨国传媒巨头相抗衡的。目前，我国的广电集团由于定位不清晰，无法成为完整的市场主体，这在很大程度上阻碍了广电集团的发展壮大。

（3）行政边界代替市场边界

新中国成立以来，传媒网络建设基本参照行政区域划分格局进行，形成了自上而下、小而全的传媒结构。如每个省、自治区和直辖市，无论经济发展水平高低，都设有一家省级广播电台，后来又加上一家省级电视台。在地区、城市一级也相应地设置了类似的传媒网络。在中央政府制定的统一制度下，每一级政府管理、使用其直属的媒体，并负担其财政需求，而各家媒体的发行和收视市场，亦基本不得逾越本地区。虽然根据新的文件精神，允许实力雄厚的媒体跨媒体、跨地区经营，但很难在短时间内有效突破地方保护壁垒。这种以行政边界代替市场边界、画地为牢的地方保护固然可在一定程度上帮助本地媒体生存，但从长远来看，并不利于媒体自身的发展和壮大。

2. 广告客户的议价能力

广告收入是我国传媒业的主要收入。据统计中央电视台的收入构成中有90%来自广告。长期以来电视台形成的"坐商"习气并未能改变，大多数媒体对于广告客户的政策方针普遍过于狭隘，基本只是粗放的价格经营。随着竞争的不断增加，广告市场的增长率逐年下降，导致成本不断增加、利润率下降。随着市场逐渐由"卖方市场"向"买方市场"转变，广电媒体也不得不接受从"坐商"向"行商"转变。广告客户影响传媒竞争的主要手段表现为，压低广告价格、索取更多的服务项目，并且从传媒组织相互对立的竞争状态中获利。从目前传媒集团广告客户的构成来看，可以分为3类，即4A公司、代理公司和直接客户。而这3类客户的议价能力是不一样的，4A公司的议价能力越来越强；代理公司则是围绕利益要价，忠诚度较差；直接客户议价能力相对较弱，但其关注更多的是广告效果。因此，广告客户对媒体的议价能力，从整体上将直接决定着传媒产业的盈利程度。

从总体上看，广电媒体所面对的广告客户群是复杂多样的，表现为以下几点。首先，购买要求截然不同。从理论上说，易消费品倾向于选择广播电视广告。事实上，众多企业选择媒体组合的方式来发布广告。另外，即便是属于同一类型、同一行业的广告客户，对媒体的需求也会表现出众多差异。例如，新产品的广

告诉求可能会侧重于其差异性，而成熟产品的广告诉求往往更侧重于其品牌形象。这些不同的购买需求决定着广告客户在结构上具有不同的议价能力。其次，增长潜力各不相同。由于增长潜力与经济发展紧密联系，有的行业发展较快，而有的行业由于种种原因走向衰退，行业变化将直接导致广告客户的广告量增长幅度大不相同。如这几年全国各地兴起的房地产行业让各大媒体都得到了大幅度的广告增量。最后，服务成本各有差异。由于各种原因，各大媒体为不同广告客户服务的成本是不同的。鉴于广告客户的上述特点，一个很重要的战略步骤就是要对广告商进行分层，并在此基础上选择与传媒组织特点相吻合的最有价值的广告客户。

3. 受众的消费取向

广电媒体行业归根到底即所谓的"注意力经济"或"眼球经济"，受众消费习惯的变化，从根本上决定了广电媒体发展的方向。受众希望以更少的成本支出来满足更多的信息需求。在信息时代，受众对信息产品的消费行为发生了许多变化。城市地区观众的收视习惯正在发生变化，这一点从开机率的变化中可以明显体现出来。

4. 替代品的威胁程度

随着计算机技术、通信技术的高速发展以及用户多样化需求的快速增长，以互联网为基础的第四代媒体和以移动通信为基础的第五代媒体正在迅速崛起。这两种媒体与传统媒体的结合又产生了许多新的媒体形态，其中与广播电视媒体相关的有网络广播、网络电视（IPTV）和手机电视等。这些新的媒体形态虽然给传统广播电视媒体的发展带来了新的机遇，但更多的则是因业务融合带来了行业竞争的加剧。

从某种意义上讲，广播电视媒体在与新媒体的竞争中能否赢得主动，决定了广播电视媒体在未来媒体格局中能否继续保持优势地位。新媒体的特点：一是，信息内容的开放性；二是，信息接收的主动性；三是，信息形态的多样性；四是，信息反馈的快捷性；五是，信息运营的多元性。新媒体作为传统广播媒体的替代品，其快速发展对广播电视传统媒体的影响主要有以下几个方面。

（1）分流原有受众群体

市场规模往往可以用消费者数量、购买力和购买欲望来衡量。对于广播电视媒体而言，在受众市场中，消费者数量，即观众数量，购买力主要体现在收视时间之上，购买欲望直接受观众闲暇时间多少的影响。新媒体以其鲜明的特征受到青少年群体及高端消费人群的喜爱。网络广播、网络电视的个性化、多样化，IPTV 的交互性，手机电视的移动性、便捷性等都更加吸引受众，传统媒体的受众被分流。

（2）挑战原有盈利模式

几十年来，受我国政治制度和经济体制、产业结构的多重影响，广播电视行业强化了新闻宣传功能，突出了事业单位性质，而忽视了产业属性和经济职能。广播电视的收入来源单一，主要依靠国家财政资金，广播电视部门领导者一般只注重对新闻宣传的管理，忽视了对资金、资产、成本、利润的管理。在财力资源的管理与开发方面，一直以来都是一片空白。这种状态直到 20 世纪90 年代才开始有所改变。随着我国政治、经济体制改革的不断深入，近年来，我国广播电视行业发生了巨大变化。传统媒体主要靠广告盈利，新媒体除了可以吸引广告商外，还可以直接从用户消费终端获利。由于新媒体对高端用户更具有吸引力，原来全部在传统媒体上投放广告的广告主和广告商有了新的选择，这将直接影响到传统媒体的盈利。IPTV 的发展将直接影响到卫视节目落地费的收取。例如，上海文广集团在与中国网通开展的 IPTV 业务中，直接向用户提供了数十个省级卫视频道的直播业务，而作为内容提供方的上海文广集团，并没有向各省卫视收取节目落地费，这无疑会对当地有线电视网络公司收取落地费产生影响。

（3）影响原有节目供应体系

新媒体丰富了原有节目源，更多的个人成为网络广播、网络电视节目的发布主体。互联网的开放式格局，使得电台、电视台的节目制播，不再是"唯一"的，而只是"之一"。为适应新媒体的特点，一些新的节目制作机构将产生，例如，会产生专门为手机电视制作节目的公司，节目制作商的独立化倾向会越来越明显。

（4）抑制传统媒体的升级

新媒体的发展影响了广电部门当前正在大力推进的有线电视数字化转换工作的进程。新媒体的出现会动摇传统广播电视产业升级换代的决心与信心，会使原有受众对于传统媒体收费的上调产生抵触情绪，会降低当地政府对于广电数字化工作的支持力度，这些都会影响广电数字化的产业升级进程。

（5）影响传统监管模式

新媒体走的是产业化的发展道路，新媒体也具有文化属性与宣传属性。因此，政府部门在管理方式上要做相应的调整。在内容管制层面，广播电视管理机构不仅要对传媒进行管理，还应扩大到全社会，对所有具备媒体编辑部特征的内容发布部门进行管理。在管理手段方面，要从主要依靠行政手段向主要依靠法制手段转变。

（二）广播电视内部资源因素分析

我国广播电视行业虽然有其自然垄断性，但这里的"垄断"并不是完全的垄断。广播电视行业已经逐步放开，国内广播电视市场的竞争已非常激烈。随着广播电视媒体产业的全球化，我国广播电视不仅要参与国内竞争，还要随时准备应对国外强势媒体的入侵和扩张。我国广播电视产业如何才能在激烈的市场竞争中立于不败之地，成为管理层近年来广泛关注的问题之一。就广播电视的内部资源因素而言，其往往是决定一个广电媒体集团核心能力的更为重要的因素。内部资源情况决定了媒体集团对资源的可获得性，对传媒集团的发展战略具有重大意义，因为它揭示了一个更为根本性的问题：媒体集团需要考虑自己是否有足够的实力去实施战略。综合地说，核心能力是指企业依据自己独特的资源（资本资源、技术资源或其他方面的资源以及各种资源的综合），培育创造本企业不同于其他企业的最关键的竞争能力与优势。这种竞争能力与优势是本企业独创的，也是企业最根本、最关键的经营能力。换言之，也只有在本企业中，这种竞争能力与优势才能得到最充分的发挥。凭借这种最根本、最关键的经营能力，企业可以拥有自己的市场。

企业核心能力理论的主要理论基础是，与企业外部条件相比，企业内部资源的有效运用对于企业的市场竞争优势具有决定性作用，企业内部资源、能力和知识的积累，是企业获得超额收益和保持企业竞争优势的关键。与一般企业一元销售有所不同的是，大多数媒体实行的是二次销售的营运方式，即媒体以低价（或无偿）出售信息产品给广大受众，再把自己的传播效能出售给广告客户以获得广告费用，从而赚取利润。

受众支出的是时间或金钱，以此期望能满足自身对于信息与娱乐的需求，他们希望能以低成本获得这些产品。大小不一的广告商则想以较低成本换取广告效果的最大化。因此，对媒体而言，其受众数量越多或影响力越大，对广告商的吸引力就越大；受众群越具有购买力，对广告商的吸引力就越大。虽然媒体的利润源直接来自广告收入，但广告的多少由收视率决定。因此，媒体的竞争焦点应集中在对受众的争夺上。根据企业核心能力理论，再结合传媒产业特点，可将媒体核心能力的内涵解释为，它是一种独特的整合能力，能够调动传媒组织的各种资源，培育出自身不同于其他媒体的最根本的竞争能力和优势，用以持续地满足受众需求，从而在市场上获得持续性竞争优势。广电集团经过多年的发展，也积累了诸多潜在的优势，认识到这些优势，并注意发挥这些优势，会对城市广电发展战略的制定和实施有直接的帮助。

1. 品牌优势

品牌优势是城市广电集团最大的优势所在。城市人民广播电台、城市电视台都具有数十年的历史，在群众中具有较高的声望和较好的口碑。为使我国广播电视的核心能力得到提升，应做好的内容有以下几点。第一，做好市场细分和受众定位。独特的市场和受众定位体现了广电媒体的创造能力。第二，形成独特的报道视角或报道风格。新颖的报道角度或风格，体现了广电媒体的价值观。半岛电视台以其鲜明的阿拉伯立场及报道中的平衡性原则在全球赢得了广大的受众，形成独特的竞争优势。第三，树立广电媒体的公信力或权威性。公信力或权威性体现了广电媒体的协作能力、管理能力、市场竞争能力等。第四，创造品牌，提高知名度。广播电视每天都在做宣传，却忽视了对自身的宣传。广电媒体要大力提高品牌意识，树立品牌就是财富的观念，注重无形资产的开发与管理。第五，培养先进的组织文化。组织文化代表着广播电视媒体的价值观，它作为一种无形的力量，渗透在所有业务中。先进的组织文化是广电媒体最强劲的竞争能力。广播电视之间最高层、最根本的竞争其实就是组织文化之间的竞争。"××城市广电"作为一个品牌容易得到市民的认同。同时，城市广电拥有一大批品牌栏目，紧贴城市生活，伴随城市发展，在市民中拥有很高的知名度。与之相对应的，就是城市广电拥有较为稳定和忠实的观众群。

2. 相对的资源集中优势

（1）相对的资源集中优势的主要表现

第一，信息资源相对集中。城市广电信息资源相对集中，其收集覆盖范围内的信息资源比较容易，省时、省力，能够争取到新闻信息的第一报道权，在信息交往快速、竞争激烈的社会环境里，争夺信息源相对容易。

第二，人才资源相对集中。城市广电集团拥有一支实力比较强大的专业人才队伍。拥有博士、博士后、主任记者、主任编辑等高学历及副高级以上职称的各类专业技术人员，此外，城市广电还具有相当数量的在市民中具有相当高的知名度和可信赖度的主持人。

第三，资金设备资源相对集中。经过几十年的发展和积累，城市广电集团大都已拥有国内一流的设施和设备，这些构成了具有一定规模实力、设备较全、技术比较先进的硬件平台。

（2）城市广电集团存在的问题

城市广电集团经过多年的发展，拥有了一定的优势，但总体而言，作为地方广电媒体，由于长期以来实行的都是事业体制，而不是真正的企业体制，从内部资源上来看，存在的问题很多，概括起来主要有以下几点。

第一，收入结构和盈利模式单一。全国广电媒体收入结构基本上都类似，主营收入都是广告收入，其中，央视的广告收入占总收入的90%以上。城市广电集团的情况也大体如此，广告收入占80%以上。一般只有两三个栏目能带来比较高的广告收入。城市广电集团只有两三个频道盈利，其他频道均处于收支持平甚至亏损状态。单一而脆弱的收入结构使集团的竞争力下降，抗风险能力较差。

第二，内容供应不足，同质化严重。广电集团由于受市场、资金、资源等诸多方面的限制，有效内容供应严重不足。总体上来讲，我国的内容产业发展严重滞后，内容市场发展水平低下，国内内容市场上可选的品种较少，而从国外引进内容又有诸多限制。从目前来看，相对成熟的市场是电视剧市场，但是电视剧市场也存在着很多问题。如每年生产的电视剧众多，精品较少。据统计全国每年生产出来的电视剧有一万多集，但能够盈利的不到13%，而大家都看好的电视剧价格被抬得极高。

此外，频道同质化现象非常突出。一方面，与内容供应不足有直接关系，内容资源有限，基本上都集中在新闻、电视剧、综艺节目等少数品种上；另一方面，也跟我们的编排观念陈旧有很大关系。以电视为例，现在的编排基本上都是综合频道的思维，基本上都是"新闻+电视剧"的编排格式，千篇一律，难以吸引观众的注意力。

第三，资产结构不合理。在广电集团的资产构成中，固化的资产占很大的比例，流动资金占很小的比例。这种资产结构很不利于集团的发展。城市广电集团大量的资金沉淀在固定资产中，这跟常年实行的事业体制有很大关系。在事业体制下，实行收支两条线，收入上缴财政，要开支的时候，一定要有项目，于是项目就变成了房产。城市广电集团处在一种资本结构非常不合理、资金流速非常缓慢的境地。

第四，人才结构不合理，冗员过多。由于长期实行事业体制，集团的人才结构非常不合理。节目制作人员、生产人员和管理人员占的比重非常大，而经营人员、财务人员则非常少。从长远来看，传媒集团的最终竞争力体现在人才上。实际上目前城市广电最缺乏的就是战略规划、管理、财务等方面的人才。

第五，决策和管理机制落后。广播电视媒体要取得一时的优势并不难，但要保持这种优势达几十年甚至上百年很难。要维持这种优势，就必须有良好的人才管理机制、培训机制、组织文化等，而这些归根到底，体现的是媒体的管理能力。媒体应在采编流程、人才培训和管理等方面，创造出适合自己的一整套管理机制，并不断根据新的环境变化进行调整和改进。事业型的广播电视媒体的管理以行政命令为主，缺乏相应的管理机制的保障，导致管理水平和管理能力较低。如领导对下面的情况不了解，下面对集团的战略部署不了解。这种信息的严重不对称造成的就是集团管理的松散，效率低下。

第六，决策模式不清晰。管理部门的职能交叉较多，会议交叉较多，谁分管哪些部门，这些部门就听谁的，缺乏系统管理，虽然有一个条文，但在实际工作中都不起作用。战略规划非常模糊，发展目标不清晰。发展方向是什么，会走到哪一步，时间表是什么，目标是什么，什么事情由什么人来做，如何考核，所有这些都不清晰。在目前这种情况下，想要形成一个可操作性强的战略规划是一件困难的事情。因此，在这种情况下，执行力低下一点也就不足为奇了。

（3）城市电视台所面临的压力

种种外部环境因素归总起来构成了城市电视台所面临的压力。城市电视台是以城市和近郊区观众为服务对象，满足特定区域受众的需求的电视台。它们是中国电视媒体产业中数量最多、最活跃的一个群体，但同时又是一个相对弱势的群体，主要表现在以下几个方面。

第一，在宣传报道、节目质量上，城市电视台面临着中央和省、市各级党委、政府更高的要求。这种要求既来源于我国在国际舞台上对外宣传的需要，来源于国内既要通过舆论促进改革发展、又要维护社会稳定的需要，来源于各地市委、市政府促进当地经济社会发展的需要，又来源于城市电视台自身在激烈的竞争中求生存求发展的需要。同时，又面临着各地群众对城市电视节目越来越高的要求。

第二，在产业经营上，城市电视台的主要收入来自广告，通常广告收入占全台经营收入的 70% ~ 90%，甚至更高，其余收入来自有线电视收费和网络开发。广告创收对城市电视台来说生死攸关，一旦广告出现危机，将动摇全局。因此，在当前体制下，开拓多种经营渠道，多方式、多渠道创收，降低电视业发展风险，是摆在城市电视台面前的又一项艰巨任务。

第三，在人才培养、队伍建设上，城市电视台正面临着加速培养和吸收高素质人才的任务。任何竞争，归根到底都是人才之间的竞争。有什么样的人才队伍，就会有什么样的电视事业。

第四，城市电视台在设备、经营实力、财力、节目制播质量与水平等方面，与中央台、省级台的差距非常明显。这些不足严重地制约着城市电视台竞争力的增强。

第五，城市电视台不仅要在中央台和省级台的阴影下求生存，还要在县级台的分割中求发展。在覆盖范围方面，城市电视台与中央台和省台相比有先天的不足，收视人群仅仅局限于其省会城市及周边市级城市的受众。

第六，其他媒体的竞争，如网络媒体。目前，几乎所有有实力的媒体都在互联网上有了一席之地，并在网上和各类网站上进行着激烈的竞争，这对城市电视台造成了强烈的冲击。

二、微观视角广播电视媒体的优势与劣势分析

（一）广播电视媒体的优势

要研究广播电视媒体的发展，首先必须要对广播电视媒体有一个相对透彻的了解。广播电视作为大众传播媒介，采用电波作为信息符号的载体，具有传播速度快、传播范围广等优点，具体来说，广播电视媒体具有以下几方面的传播优势。

1. 具有较强的时效性

广播电视以光速传送信号，信息的传送与接收几乎在同一时间完成，尤其是同步卫星技术的广泛运用，使广播电视的直播形式得到迅速普及。无论是突

发新闻事件的直播报道还是文体活动的现场直播，受众都可以在第一时间触及信息，这打破了信息传播的时空限制，让身处地球一边的人们可以瞬间了解大洋彼岸的时事动态，整个世界成为联系紧密的"地球村"。

与印刷媒介相比，广播电视省去了排版、印刷、发行等环节，信息传播所经过的流程较少，这也是广播电视传播速度快的一大原因。尤其是广播媒体，节目制作流程比较简单，往往只需要对声音进行编辑，是电子媒介中传播速度最快、时效性最强的大众媒介。在时效性方面，广播电视要明显强于报纸，而报纸往往在深度报道方面更胜一筹。

2. 具有较为具体的形象和较强的感染力

电视是视听合一的媒介，具有动听的声音、绚丽的画面。视听是人类接收外界信息最主要的渠道，科学家研究发现，人们通过视觉获得的信息占其获得的信息总量的83%，来自听觉的占11%。视听兼用，可以让人们更真实、更立体地感受事物的特征。从记忆的角度看，听到的信息能记住20%，看到的信息能记住30%，边看边听的能记住50%。视听兼备的特点赋予了电视媒介其他媒介所无法比拟的优势。"眼见为实"，作为声像媒体的电视以其特有的视、听手段创造的现场感、真实感具有无可匹敌的优势。

3. 具有较低的收视门槛和较为广泛的受众

人类是通过感官来认知世界的，视觉与听觉是人类认知外部世界与接收信息的主要渠道。依靠视觉与听觉传递信息的广播电视，顺应了人类感知信息的规律，最大限度地降低了受众获取信息的难度。尤其是电视画面，堪称人类沟通与交流的"世界语"，无论是儿童还是老人，无论是否接受过教育，人们都可以通过广播电视来获取信息。视觉语言的无碍性使得广播电视拥有较为广泛的受众群体。电视对受众的要求程度低，不论受众具有何种文化程度，从事何种职业，都可以看电视。可以一人看，也可与亲朋好友一起看，还可以边看电视边吃饭、干活、娱乐等。从传播学角度讲，电视的优势在于没有编码、译码的过程，受众能够通过生动的画面和富有现场感的声音，直接感受事件发生、发展和变化的过程。电视的出现拉近了人们的空间距离，大大激发了人们心灵与情感的共鸣。

4. 具有较强的传播能力和较强的社会影响力

借助无线电波,广播电视的信号可以不受地理因素的局限,跨越高山、湖泊,甚至是海洋传送到世界各地。尤其是卫星技术的发展,更是极大地拓展了广播电视信号的覆盖范围,打破了空间对于信息传播的限制。目前,广播电视的信号已经基本覆盖到了世界的每个角落,只要拥有接收装置,无论你身处何处,都可以了解世界各地的动态信息。经过多年的发展,电视逐渐成为最有影响力的大众传媒,已成为多数人生活中不可或缺的一部分。CSM的研究数据显示,全国4岁及以上的电视观众有12.81亿人,而根据CNNIC的数据,2019年6月我国网民规模达8.54亿,互联网普及率为61.2%。由此可以看出,我国电视观众的存量依旧庞大。

5. 具有较广的信息来源和较为扎实的采编队伍

为了最大限度地满足受众的获取信息、消遣娱乐等需求,广播电视的节目内容涉猎广泛。新闻、体育、财经、娱乐、教育、服务等信息兼容并蓄,陪伴人们渡过了大部分闲暇时光。近年来,随着频道专业化以及数字电视的发展,广播电视倾向于小众传播,内容资源被进一步细分。例如,气象频道、购物频道和汽车频道等专业化的电视频道相继出现;广播电台也根据不同音乐类型划分出乡村频道、摇滚频道、古典频道、流行频道、爵士频道等专业化频率。电视媒体有着星罗棋布的信息采集网,小到基层乡村,大到中央机关、国际社会,有一条完整的信息生产线和经验丰富的采访、编辑、制作人才队伍,还有丰富多样的资料存储库。

(二)广播电视媒体的劣势

电视传播作为大众传播的一种,有着大众传播的传授不平衡、受者处于被动等不足,同时作为一种电子媒介,也具有自身的一些劣势。

1. 针对性差

电视的传播主要是一种点对面的传播,强调对受众共性的捕捉,针对性较差。

2. 选择性差

电视是线性传播媒介,电视节目安排按照时间顺序进行,受众必须按照节目表安排在固定时间接收固定频道的节目,无法在同一时间自由灵活地选择节目或内容。受众只能被动等待电视节目的播出，无法根据自己的需要和爱好，选择自己感兴趣的节目加以收看。

3. 缺乏互动

与互联网的互动性、参与性相比，电视传播的一个重要缺陷就是单向传播，重视传播者对接受者的作用和影响，而不太重视受众的反馈。我播你看，受众参与不到其中，这在电视刚刚兴起的时候人们还可以接受，但随着人们生活水平的不断提高，参与意识的不断提高，人们不再满足于只坐在电视机前收看，受众也有了参与的欲望。电视媒体也发现了这一缺陷并不断改进电视节目，比较明显的就是谈话类节目与综艺类节目，从主持人到现场观众气氛都十分活跃，从而拉近了与场外观众的距离，但不难发现这并没有从根本上解决问题，而电视媒体本身并没有摆脱单向性这一缺陷。

4. 不利于保存

借助电子信号传输的电视节目转瞬即逝，受众稍不留神，就可能错过自己感兴趣的内容，除非有重播。电视传输的这一缺陷也使观众很难对某信息留下深刻的印象，不便于受众对该信息的理解和接受。由于广播电视采用线性方式进行信息传播，所以受众只能按照时间顺序线性接收信息，不能像读报纸一样在版面内自由地选择想要获取的信息。广播电视的传播内容要具有直观性，要通俗易懂，要尽量避免出现冷僻的专业术语或者枯燥抽象的理论知识，否则将会大大影响信息的传播效果。

5. 缺少想象空间

由于电视过于直接、具象地将一切信息呈现在观众面前，没有留给受众想象的空间，信息往往如过眼云烟，很快就会被遗忘，因此，一部出色的电视作品不仅要将必要的信息交代清楚，还要不遗余力地激发、调动观众的想象力，不能一览无余，面面俱到。

近年来，以网络媒体、手机媒体为代表的新媒体迅速崛起，其强大的交互性满足了受众的参与需求，也弥补了广播电视互动性和选择性差的缺陷，给处于大众传媒霸主地位的广播电视，带来了巨大的冲击。面对新媒体的强力竞争，广播电视选择了与之融合的发展道路。通过与新媒体的联姻，传统广播电视的概念得到了新的拓展，出现了网络广播、IPTV（网络电视）、手机广播、手机电视等新型媒体形态，打破了过去一对多的信息传播模式，实现了信息一对一的传播。在这些新型媒体形态中，借助互联网技术以及移动通信技术，受众可以便捷地将信息反馈到传播者那里，实现与传播者之间的信息互动，这在一定程度上弥补了传统广播电视的不足。

第三节　广播电视艺术在新时期该如何发展

一、移动互联时代的到来

麦克卢汉认为，电子媒介把人变成了"无形无象"的符号，把没有血肉之躯的人送到了远方。麦克卢汉和美国媒介研究学者保罗·莱文森在《手机：挡不住的呼唤》一书中认为，人类拥有两种基本交流方式，即走路和说话。手机出现之前的电子媒介割裂了走路和说话、生产和消费。手机的出现第一次实现了说话和走路、信息生产和信息消费的并行。手机重新定义了人类的交流方式，"手机铃声成为挡不住的诱惑"。

有一种传统观点认为移动互联网仅仅是 PC 互联网的延伸。它们之间的区别只是屏幕大小的不同，其实这种理解是不恰当的。移动互联网虽然脱胎于 PC 互联网，但又与之完全不同。

保罗·莱文森认为互联网属于传统媒介，需要正襟危坐和显示器。长远来看，互联网仅仅是手机的副手。身体的移动性和与世界的连接性，具有更加深远的革命意义，比互联网的意义更加重大。

从某种意义上来讲，手机相比台式电脑虽然只是屏幕的缩小，但实现了质的飞跃。手机的便携性和随身性，使得人们从正襟危坐在 PC 面前，变为随时随地携带和使用；从静止使用到移动使用，可以边走边用，大大地解脱了身体；手机具有私密性，使得社交媒体得以充分发展；手机上诸多传感器如重力传感器、压力传感器的应用，以及增强现实技术 AR 的应用，延伸了人的感官。

在 PC 互联网时代，联网的台式电脑把一切媒介集中于一体，开创了一个与物质世界完全不同的虚拟世界，互联网成为"媒介之媒介"。而手机出现以后，把人从台式电脑中解放出来，成为"移动之中的媒介之媒介"。保罗·莱文森认为："互联网使麦克卢汉的地球村成为一个互动频繁的社会；手机使地球村的村民开始离开固定的座位，站起来周游世界了。"

2007 年，iPhone 以"重新发明手机"的姿态揭开了移动互联网发展大潮的序幕。

进入 21 世纪的第二个十年，智能手机开始迅速普及。根据著名的硅谷分析师"互联网女皇"玛丽·米克尔的报告，2012 年第二季度，中国的移动互联网用户数量已经超过 PC 互联网用户的数量。自 2017 年以来，中国智能手机用户数量呈现出逐年上涨的趋势。

移动互联网正从 PC 互联网的延伸逐渐转变为全新的互联网形态，颠覆了传统互联网模式。《连线》杂志创始人、《失控》作者凯文·凯利在不久前指出，从现在到未来十年将不会再使用"移动化"这个词，将终结这个词，因为它将变成"我们呼吸的空气，成为自然而然的事情"。移动互联网使得网民随时在线，媒体开始从实时化向全天候转变；手机和 PAD 等智能终端的随身性和私密性，真正实现了人的"自我延伸"，使得信息的个性化和互动性增强。互联网的社会化趋势则颠覆了人与人、人与信息的交互方式，变革了信息的传递模式。

但终端的革命也才刚刚开始。手机虽然解放了人类的双脚，但还没有解放双手。据统计，手机用户每天触摸手机的频率高达 75 次。这对大家来说确实是个负担。下一代终端的任务就是要解放双手。随着计算机技术的快速发展，可穿戴设备已经日趋成熟，而可穿戴设备最大的好处就是能解放用户的双手。

可穿戴设备等终端革命的发生，终将会使得媒体泛化，行业的边界日趋模糊，什么是"媒体"和"广电"需要重新界定。对于广电来说，践行"多屏战略"是目前的不二的选择。

二、移动互联时代广播电视艺术的发展趋势

（一）关于跨媒体发展战略

所谓跨媒体发展，就是报纸、杂志、广播、电视、网络等几大媒体相互渗透，融合发展。国外的媒体机构是不分媒体形式的，任何一家媒体组织都是混合型的媒体机构。有的以一种媒体形势诞生，经过发展壮大，通过扩张渗透到了其他媒体领域。有的从一开始产生，就是一家混合型的媒体公司。跨媒体经营事实上是多元化经营的一个部分。

长期以来，我国媒体几乎都是单一媒体，报纸不得办广播电视，出版社不得办报纸，广播电视业除了广播电视节目报和业务刊物以外，也不经营报纸杂

志。各媒体之间泾渭分明，不越雷池半步。这种状况是我国的管理体制造成的。不过，这种局面目前正在改变，国家已经意识到跨媒体经营的必要性和紧迫性，并下发有关文件，要求打破媒体形式的局限，实施跨媒体经营。新华社作为国家通讯社，已逐渐发展成为集通讯社、新华网、新华电视以及数十种报纸刊物为一体的传媒集团。但是，由于各种限制因素，我国媒体要实现真正的跨媒体经营，还有很长的路要走。

（二）关于构建移动互联战略

21世纪的第二个十年，已经进入"移动互联时代"。中国传媒大学的胡正荣教授认为，未来广电最大的挑战者是"基于融合媒体的移动的音视频服务"。

早在2012年，玛丽·米克尔就在其发布的互联网趋势报告中提出了六项消费类互联网的空白领域，分别是"耳朵和身体、汽车、电视、钱包、教育和医疗"，前三项都与音频和视频相关。第一项是耳朵和身体，耳朵，即与音频相关的服务和产品，如苹果公司的音乐网站等；第二项是汽车，1.44亿美国人每天花费52分钟在网上浏览与汽车相关的信息，如车联网；第三项是电视，美国人拥有50000万台互联网电视，每天花费3个小时看电视，如互联网电视、社交电视。

移动互联网对传统广电的影响将是全方位的，从内容、渠道、终端、商业模式到整个行业的生态。

让广电"移动"起来。对广电来说，"移动"一词可以有如下的解释。一是，移动互联网：移动互联网可以说涵盖了21世纪以来传媒技术变革的所有精华。二是，战略转型的快速和敏捷：正如IBM这头"制造业大象"，成功转型为"会跳舞"的服务业巨头，我们也期待传统广电机构能够"舞动"和"移动"起来。三是，终端的移动：传统广电机构服务的终端是收音机和电视屏幕，而未来都会汇聚于以移动终端为核心的多屏。四是，受众的移动：进入信息社会，我们的受众不再是仅仅坐在沙发上充满"仪式感"地等待收听、收看的观众，而是"泛在"视频的参与者。移动互联网不仅仅是对PC互联网的简单线性延伸和发展，而是非线性的跨越。对于传统广电机构来说，借助技术变革和移动革命，实现弯道超车，"让广电移动起来"是实现转型的最后机遇。

（三）关于与移动互联网的融合

1. 传统广电的特点

传统广电作为一个行业，和移动互联网相比，具有如下特点：一是权威性高和公信力强，在移动互联时代到来之前，这项优势明显，受众（听众和观众）基本是仰望和被动接收的姿态；二是内容资源优势：基于 PGC 的内容生产是广电的核心优势，如新闻和综艺等长视频的生产。

2. 移动互联网具有的特点

一是从受众到用户的变化：由于交互性增强，用户的参与度不断提高，与此同时用户的草根特性也越来越明显。传统媒体的受众逐渐变为移动互联网的用户，传播方式也从仰望和被动接收转变为平视和对等传播。二是盈利模式多元化：广告模式不再是唯一的模式，游戏、电商等成为新的支柱。三是提供的服务更加丰富：可以承载更多的内容，几乎无所不能，如音频、视频、游戏等。基于上述比较，可以得知，传统广电和移动互联网具有很大的互补性。两者的结合，必将创造一个革命性的、有广泛前景的"大视听"行业。

3. 传统广电与移动互联网融合的进程与维度

传统广电与移动互联网的融合进程可以由浅入深，逐步推行。首先是浅层次的融合，如运用运营手段，把广电的内容推向移动互联网，从而提升传播力，提高广告价值等。然后是深层次的融合，包括内容的重新塑造、商业模式的创新乃至行业基因的改造等。

融合的维度包括以下几点。一是运营的合作。与电信运营商、移动互联网寡头如腾讯、视频网站如优酷等进行合作；二是内容的重新塑造。广电要基于用户的需求和兴趣，提供优质的内容和服务。三是模式的再造和创新。四是基因的改造。站在移动互联网的角度来运营广电。

（四）关于传统广播电视艺术的发展趋势

1. 升级与观众的互动

微博与广播的结合是自媒体与大众媒体的结合。广播延伸了微博的传播时间、传播空间以及接收终端；微博给广播提供了信息汇集平台，替代了广播编辑部。

广播与微博的结合，改变了传统广播的营销方式，使得广播可以切入数字化营销和社会化营销领域。

全国大部分电台都开办了官方微博，节目与微博的互动加强。中央电台中国之声在 2010 年开设了新浪官方微博，微博已经成为节目的一部分，融入中国之声的血液之中。

2. 开创音频互动新模式

广播是一点对多点的音频传播媒介，移动互联网具有多点对多点的传播特性。微信属于强关系链的社交平台，互动性较强。广播与微信的结合，不仅拓宽了传播渠道，还创造了互动音频内容。如电台官方微信公众号中的语音内容经过导播审核后，可以直接在广播节目中播出，强化了节目互动，激发了听众的好奇心，提高了听众的参与度。

2012 年伦敦奥运会期间，中央电台首次开通中国之声官方微信平台，开创了广播互动的新模式。听众通过微信参与语音互动，并在广播中呈现自己的声音。奥运期间，中国之声微信账号共收到微信 24352 条。

3. 增加国际间交流与合作

媒体全球化的洪流无法抗拒，物竞天择，适者生存。我国广播电视媒体在全球媒介一体化过程中，具有一定的优势。我国有规模巨大的受众市场，有丰富的人力资源，有巨大的广告市场，等等。但是，我国媒介在全球竞争中的劣势非常突出，如实力不强、成分单纯、结构单一等。因此，我国广电媒体应提高国际化发展意识，扬长避短，引进西方先进的管理理念，加强与国际媒体之间多方位多领域的交流与合作，进而提高参与国际竞争的能力。

4. 探索内容分发新渠道

国内一些电台开始改变定位，尝试与新媒体结合，拓展广播分发新渠道，如开发推广 APP 客户端、视频广播、网络广播、数字广播等。

2011 年，新浪微博推出了"微电台"应用，使得微博用户在收听微电台的同时，可以与主持人和网友进行微博互动。微电台的应用有点类似于社交电视，即把社交的功能和广播结合起来，突破了广播的地域及终端限制，改变了用户被动收听广播的习惯。

在广东珠三角落地的凤凰卫视"U Radio 广播"，于 2012 年推出了"凤凰 FM"音频客户端产品，为手机用户提供了另一个收听广播的渠道。"凤凰

FM"客户端不仅提供凤凰卫视、U Radio、央广、北广等几十家知名广播电台的直播节目，还提供了海量音频节目点播和下载功能，真正做到了"随时、随地、随身"。

而这样的发展趋势和要求正是源于新媒体技术的产生和蓬勃发展的势头。同时，传统广播电视媒体对未来发展之路的思考和调整也为新媒体技术的飞速发展带来了巨大的推动力量。

5. 收听终端呈现多元化发展态势

移动互联网的迅猛发展和汽车数量的持续增长使得广播收听终端继续丰富。除了传统收音机外，使用车载设备、手机、PC 终端、DAB、DTV 等不同接收终端的听众日渐增多。传统广播的整体收听量不断下降，但车上的收听人数持续增长。

中国社科院社会学研究所发布的《中国汽车社会发展报告》称，近 10 年中国汽车业呈现狂飙式发展，且每百户家庭汽车拥有量达到 20 辆。车载广播仍是主要的收听方式。与此同时，随着移动设备的普及，互联网电台的收听率持续增长，其中优质的广播节目尤其受到年轻观众的喜爱。

6. 与移动互联网和社交媒体等的融合速度加快

随着智能手机的迅速普及、以 APP 为代表的移动应用的普及以及用户习惯的改变，移动互联网进入了黄金增长期。广播作为音频媒体和唯一的非视觉媒体，是最容易和移动互联网融合的媒体。由于伴随性，广播与新媒体也具有一定的共存性和可兼容性。

广播与移动互联网和社交媒体的融合速度加快，具体表现为以下几点。一是大部分电台都开办了官方微博，与微博的互动加强；二是开办官方微信，与微信的互动加强；三是开设微电台，拓展分发渠道；四是开发和推广 APP 终端，向移动互联网和移动终端渗透。

第四章　新媒体冲击下广播媒体的融合探索

风起云涌的网络时代，人们的生活被渐渐地改变着，小到人际交往，大到一个行业的兴衰，互联网发挥着巨大的作用。互联网的便捷，也方便了人们对资讯的获取。而这直接改变的就是以广播、电视、报纸为代表的媒体行业的生存。在这场变革当中，传统媒体——广播应如何应对新媒体兴起所带来的冲击，是每个广播工作者应该思考的问题。在新媒体的冲击下，广播只有通过不断地融合与探索，才能在竞争激烈的媒体市场中站稳脚跟。本章分为广播艺术的审美特性、新形势下传统广播媒体面临的危机、传统广播媒体的新媒体运营尝试三部分。

第一节　广播艺术的审美特性

一、广播艺术的形象特性

（一）深度涉入的想象性形象

作为一门听觉艺术，广播文艺的欣赏需要心领神会，它是一种深度涉入，而想象则是听觉欣赏的必由之路。"想象是灵魂的眼睛"，听觉欣赏是一种积极的认识活动，要用形象思维。想象是在人的头脑中去改造一些知识和经验，从而创造出新形象的活动。如果说，感知是眼前形象的呈现，表象是记忆形象的复现，那么，想象则是独特形象的映现。想象是人类创作活动的重要因素，它始终伴随着听众的审美过程。艺术想象是同艺术家的审美趣味、审美感受密不可分的，也是和听众的审美意识（包括审美趣味、审美能力、审美观念、审美理想等）紧紧相连的。

如果说理论广播的掌握方式，主要是通过"逻辑通道"，那么，广播文艺的掌握方式，则主要是通过"想象通道"。逻辑判断和艺术想象是不同的思想方式。想象总是形象的，形象性和具象性是艺术想象的重要特征。模仿仅能塑造曾经看到过的东西，而想象还能塑造曾经没有看到过的东西。丰富、新颖、大胆、奇特的艺术想象，对于创造成功的艺术形象有巨大的作用。它可以赋予抽象的东西以内心视像；它可以化一般为神奇；它可以弥补"广播看不见"的不足，另辟蹊径，"使他的心灵始终飞翔在高空，他的双脚在大地上行进，他的脑袋却在腾云驾雾"。因此，一个高明的广播文艺编导应当善于把观念变为形象，善于运用创造性想象，做到"状难写之景如在目前，含不尽之意寄于言外"。

艺术范畴的事是妙不可言的。看得见的视觉艺术常常追求看不见的"画外"神韵，而看不见的听觉艺术则另辟蹊径，通向"心眼"看得见的幻觉状态。"看得见"和"看不见"之间存在着辩证的关系。"看得见"有看得见的好处，"看不见"有看不见的神韵。有的时候，"看得见"是为了引发出"看不见"的画外意境，所谓"以小见大""借一斑窥全豹""以一目尽传精神""景愈藏，境界愈大"就是在追求"令人有物外之想"。画中无形之境，看似空白，实则是画家匠心独具的所在，笔虽未到，而意已至，言虽已尽，其韵绕梁，无笔墨处缥缈天倪，不尽地唤起人们对美的遐想与追求，体现以虚代实、计白当黑的基本美学原则和特色。

广播文艺最富想象性。有的题材，不宜直观，不可裸露，视觉艺术无法表现，而广播文艺却可以游刃自如，表现得精妙绝伦，令人经久难忘。例如，安徒生的《皇帝的新装》，摄影、戏剧、雕塑、电影都不便表现。而广播剧《皇帝的新装》从 20 世纪 50 年代问世以来，常播常新，历久不衰，其迷人之处正是充分发挥声音优势，给听众提供了自由驰骋想象力的用武之地。再如，配乐诗朗诵《周总理，您在哪里》，原作是诗人柯岩，浓情迸发，神思飞越，想象力奔赴笔端的产物。经过广播文艺家的艺术处理，从"山谷的叫声"到"森林的回答"，从"大地轰鸣"到"大海的回答"，"诗到情来意自生""不以目视，乃以神遇"，走遍祖国山川大地找总理的意境浮现在广大听众的心里，萦回不尽怀念之情，真是"一声直入青云步，多少悲欢起此时"，催人泪下。

综上所述，广播文艺靠声音造型，靠想象感受听觉形象之真、之幻、之美。如果说，电视文艺"实以形见""实以目视"，那么，广播文艺则"虚以思进""虚以神通"。视觉是审美通道,听觉也是审美通道,各臻其妙、殊途同归、共存共荣、交相扶持。

（二）诉诸耳朵的听觉形象

广播是现代化的大众传播手段,广播文艺节目的播出量往往占各台总播出量的 50%～80%,是广播节目的重要组成部分。广播文艺的艺术审美性既具有诸种文艺审美的共性,又突出地表现为独具艺术感染力的个性——听觉审美。广播文艺依靠语言、音乐、音响塑造和传播艺术形象,是纯粹的诉诸耳朵的艺术,听众通过感受声音来感受艺术作品。大体而言,语言以表意为主,承担信息传播与交流;音乐以抒情为要,营造情感氛围;音响以呈真为旨,增强真实感受。彼此之间相辅相成,相得益彰,在时间的延续中呈现形象,表现艺术追求和情感世界。声音形象不同于视觉形象,在某种程度上来说声音是一种"一旦出现马上就要消逝的亦即自己否定自己的外在事物",但是这种否定性并不影响声音的艺术传达。在听众的收听过程中,"声音的浅表遮蔽性很快会被声音所创造和蕴含的意象的真实披露。那些浅表的、零碎的、稍纵即逝的语声表象所具有的遮蔽性,很快会被特定的、局部的、某一次的语声意义所具有的遮蔽性替代",也就是说,当声音浅表的遮蔽性被内蕴的意象性取代的时候,也恰恰意味着艺术接受的开始。

广播文艺靠语言去触及自然、社会和思维方面的一切领域;靠音乐表现人们的情感世界、精神面貌;靠色彩鲜明、如察其形、如临其境的音响效果丰富、烘托人物的思想感情,渲染、创造时代与环境气氛,以至扮演拟人化角色。音乐、语言、音响各有所长,各臻其妙,单独使用或错综交织、融为一体,均可制作出绚丽多彩、动人心弦的广播文艺节目。它以自己独具的艺术魅力每天吸引着广大听众,成为人们精神生活的一个重要组成部分。艺术理论来自丰富的艺术创作实践,随着广播即将成为"百岁老人",广播文艺美学终于被提上日程,成为文学艺术、广播电视及其他学科共同探索和构建的新学科。

广播文艺是一种富有个性特点的听觉艺术。广播文艺的审美,既具有诸种文艺审美的共性,又具有自家的个性——听觉审美。看有看的规律,听有听的特点。眼睛的对象不同于耳朵的对象;视觉艺术的信息不同于听觉艺术信息,也不同于视听综合艺术信息。艺术家的创作诉之于耳的方法,和诉之于目的方法是全然不同的。主体的生理和心理官能是与对象的性质相适应的。对象不同,占有对象的官能和方式也就不同。"耳得之而为声，目遇之而成色，取之不尽，用之不竭"，这是古人朴实无华的真知灼见。

艺术是精神产品，但各门艺术之间的区别，其根源在于物质材料（媒介）不同。如绘画是线条和色彩的艺术。音乐是音响、节奏和旋律的艺术。前者用线条、色彩直观地再现或表现现实，通过瞬间而静止的画面给予人们对具体形象和规定情景的可见性感受；后者是乐音的运动形式，它对准人们的心灵，是表情的艺术，在时间的延续中给人可闻性的感受。音乐形象不同于绘画形象，它是活跃的具有发展过程的形象，而不是凝固的形以目见的形象；它是自生自灭、随生随灭的形象，"一旦出现马上就要消逝的亦即自己否定自己的外在事物"；它是有其演绎性、非语义性、不确定性特征的形象，接受者往往见仁见智，各以其情而自得。

人类获取信息的器官主要是眼睛和耳朵。听觉艺术的信息不同于视觉艺术的信息，也有异于视听综合艺术信息。听觉艺术通过听觉器官感受音色、音高、音强以及语言、音乐、噪音等基本因素，以及彼此间的关联形式，体味蕴含在其中的美感。美感的获取具有个体差异性，同一审美对象可以引发不同人的不同审美感受，这种差异性是客观存在的。广播文艺具有丰富的艺术感染力，耳朵更多是接受基本信息的器官，听众对于其艺术形象的把握还依赖于审美客体的艺术表现力，同时也与自身的听觉敏锐程度、生活经验、情绪体验密切相关。最终物质材料借助听众的想象力和审美感知力呈现出耳神交接、交会融通的听觉体验。

尺有所短，寸有所长。长和短是相对的，不是绝对的。在局限中显出自由是艺术规律之一，何况"我们的耳朵其实并非不如眼睛灵敏，只是缺乏训练而已。科学证明，我们的耳朵在辨别微差方面要比眼睛更高明些。人的耳朵所能辨识的声音和噪音何止几千种，远远超过我们的眼睛所能辨识的色调和光度的总数"。从美学角度来看，视觉审美、听觉审美都能产生快感，有时候听觉的快感并不亚于视觉的快感。外国听众给中国国际广播电台来信说，"中国的音乐使我着迷""中国的音乐是第一流的""不听你们的广播就不能入睡""听了中国的音乐广播，能产生快感，使我陶醉""我特别爱听《雨打芭蕉》，这个曲子的音乐形象真实，使人有身临其境之感，作曲家创作得好，表演者演奏得也好""《赛马》也是了不起的，真是一幅用声音描绘的图画"。

基于探寻广播艺术的审美规律以及把握其传授特性，我们可以发现，广播文艺的艺术感染力具有自身的媒介特征，也就是说，广播文艺的艺术感染力并非只是以原有艺术样式呈现的，它还在广播媒介的介入下生发出了具有自身特性的艺术表现。以广播音乐节目为例，其艺术呈现具有双层的结构：一层是音乐本身具有的艺术魅力，严格来说，它是固守在音乐之内的，只是通过不同渠道进行传播和表达而已；而另一层面就是由广播所赋予的，主要包含节目主持人对艺术音响素材的取舍、节目的编排、主题的拟定，特别是主持人个性化语言所营造的现场感和氛围情绪。从这一角度来看，作为大众艺术的广播文艺之所以具有艺术的特性，并不仅仅是传媒内容的特质决定的，更依赖在此基础上人的主观能动性。

随着年岁增长，阅历丰富，广泛接触各种声信息，开始检测各种声信号的来源，并将这些信号与周围的事物相联系，理解其含意，然后将所获得的有关这个信号的知识，以声信息的形式储存在大脑皮层，这就是"记"。当另一个声信号进入他耳中时，他的听觉神经脉冲立即向大脑皮层反映，并与大脑皮层中贮存的信息进行核对，辨认这个声音及其含意，这就是"忆"。

这种对于信息的储存和提取的过程贯穿于人的一生。一个人声信息存储的多寡，决定了这个人辨认和感知声音能力的强弱。人的生活环境、经历、教养、机遇等，对声信息的积累起到决定性作用。耳朵只要有一点点暗示，大脑就会扩大那个暗示，并想象出一定的物象和情景。"闻声见形""闻声知人""闻声见景""听声思源""随类赋形"是人们日常生活中常有的事。这里所谓的"见"，是"容藏于心"的"心象"，就像庄子所说的那样，"恍兮惚兮，其中有象；惚兮恍兮，其中有物"，是一种"心灵折射"的形态，既不能貌观，又不能触摸，既没有色彩，又没有影像，是一种无象之象、无状之状的内心视像，表现为专供心领神会的声音图案。人耳是听音器官，也是广播文艺的审美器官。

人的耳朵有多种能力：一是对同时发出的声音加以分析；二是对不同的声音进行综合；三是给一系列声音决定节奏；四是可以使声音发生转化。前三点不言而喻，第四点也屡见于电影、广播剧中的声音蒙太奇手法。

广播文艺靠声音描绘和塑造形象，声音不能再现物质的可供直观的现实，它既不是面，又不是体，不能在空间中展现，而是点、线，只在时间中流动。因此，广播文艺有声有调、声情并茂，但只闻其声，不见其貌。它以假定性的声音场面代替可视画面；以声情并茂代替电视文艺汇形、声、色、字之美的图文并茂；以想象时空代替电视文艺二维平面产生的三维幻觉空间。

从广播文艺的表现形式及内在的文化结构来看，很大一部分都是对其他既有艺术样式的吸纳与再创造，比如戏曲、音乐、评书、相声等。在文本呈现和审美感受上交织着某些亟待厘清的逻辑关系。对于这一问题我们可以先来看看某位网友的态度，他在微博中这样写道："广播基本上是一个没有思想和深度的媒体，汽车救了它，从死亡边缘拉回。现在玩类型化和碎片化，讲讲笑话放放歌，对曲库依赖重之又重，里面几乎没有崔健，没有独立音乐，没有人类最伟大的古典音乐，没有浩瀚的爵士蓝调，尽是没有态度的街坊之作。和纸媒相比，没有价值观和深邃的思考，更不用说推动社会的发展了。"这些言辞未免偏激，但也在一定程度上准确道出了广播发展中存在的问题和弊端，我们能够明显感受到这位网友内心对广播现状的失望和无奈。这种失望恰恰源自广播对艺术品格的失守和价值引领的缺席。简单而言，就是广播人只是将广播视为传播载体，将其包装成一个堆满了琳琅满目的文化产品的展台，而放弃了作为建构艺术世界参与者的努力。

媒体作为社会文化机体中最活跃的部分之一，其价值绝不仅仅只是单纯地展示和传播文化内容，更需要在不断发展变化的文化格局中表达自己的话语和确认自身的文化身份。当然广播当前所面临的生态环境也极端复杂，最直接的考验就是面临着市场生存的残酷挑战。应当说，艺术审美的追求和文化价值的坚守是广播人须臾不能放弃的根本，但如果基本生存都成问题的话，发展也就成了空谈。这背后的逻辑关系仍然涉及"广播为何"这一终极问题，对这一问题的态度和认识也直接决定了目前广播的价值表现以及传授之间的地位关系。

听众对于广播所传达的信息和塑造的世界的感知是借助联想和想象完成的。这种由语言、音乐、音响所营造的听觉形象，是听众产生想象空间和精神交往的融合体，它们超越了功能性的层面。广播在客观世界中更多地表现为时间的向度，声音符号在物质层面是稍纵即逝，难以捕捉的，但是这并不意味着广播声音没有空间感，它的空间性存在于受众依赖联想和想象所感知营造的心理空间，虽然这种形象可能是模糊的、零散的、飘忽的，甚至可能是无以名状的，但是这就是区别于视觉形象所带给我们的印象。从某种程度上说，正是这种"无形象的形象"才不会干扰受众的主体参与，才有利于情感的抒发和表达。任何艺术形式都是蕴含情感的，情感认同是审美发生的前提和表征。听众作为接受主体，其文化心理具有多维性和开放性，同时对听觉形象的欣赏具有融合性和参与性，这有赖于日常审美生活的感知和体验。

（三）心理营构的联觉性形象

在艺术创作和欣赏过程中，耳目各司其职，各得其所，可又相互沟通，彼此相生，"寻常眼、耳、鼻三觉亦每通有无而忘彼此，所谓'感受之共产'，即如花，其入目之形色、触鼻之气息，均可以以音响以揣称之"。这就是"联觉"。联觉是一种感觉兼有另一种感觉的心理现象。如对色彩的感觉往往产生联觉现象：看到红、橙、黄等色彩，可引起暖的感觉，还可引起深远感，使小的房间在感觉上变大；看到蓝、紫、绿等色彩，可引起冷的感觉，还可引起浅近感，使大的房间在感觉上变小。艺术欣赏中还有"通感"的说法。通感是一种带有形象思维特征的艺术想象方式，是两种审美分析器官在生活经验中建立特殊联系的结果。我国古代有"耳视目听"之说，其实就是通感现象。

视听联觉、色间联觉是普通的联觉形式。在中外古典文论、画论中，对诗画相通、耳目联觉的艺术规律有不少精当论见。如罗马诗人、批评家贺拉斯曾说，"诗歌就像图画"，这和我国宋朝的张舞民的"诗是无形画，画是有形诗"和苏轼的"诗中有画，画中有诗"的观点相近似。

文学艺术作品中描写联觉现象的屡见不鲜，古典诗词中更是不乏佳作。现代散文中朱自清的《荷塘月色》，把荷花的"缕缕清香"说成"歌声似的"，这是由清香想起歌声，以真实的嗅觉唤起听觉的联想。朱自清对荷塘的月色如此描写："塘中的月色并不均匀；但光与影有着和谐的旋律，如梵婀玲上演奏着的名曲。"这段描写既符合科学原理，又符合审美逻辑，它对我们理解视听元素的关系，有触类旁通之妙。英国哲学家培根有一段话，恰巧可以给朱自清先生的妙笔以佐证，他说："音乐的声调摇曳和光芒在水面上浮动完全相同，那不但是比喻，而且是大自然在不同的事物上所印下的相同的足迹。"

由光影想起名曲，"可见性已转化为可闻性；声音好像把观念内容从物质囚禁中解放出来了"。朱自清以客观真实的视觉唤起读者（听众）储存在记忆中的听觉，使赏心悦目和怡神悦耳相通了。可以想象：荷塘中的粼粼波光是美丽的、闪烁的、和谐的，小提琴所奏的贝多芬的《月光曲》也是美丽的、波动的、和谐的。

视觉元素和听觉元素既有相对的独立性，又具有互相补充、渗透的兼容性。电视视听兼备、声画纷呈，广播凝神静听、随类赋形。电视形象是直接观照的

稳定客体形象，而广播文艺形象则是间接"折射"而成的想象性、流动性的意象。广播文艺中有一种"土特产"——电影录音剪辑，这种来自"空中电波影院"的"听的电影"是1950年3月8日首次问世的，广播文艺编辑根据视听联觉、视听转化的原理，通过化看为听、化散为整、化繁为简、化淡为奇，化碎金散玉般的音响素材为浑然一体的电影录音剪辑等艺术手段，把电影从银幕搬到广播，让听众以耳代目，借助于联想、想象、通感、意会、耳接神交、与象俱化，获得"搜求于象，心入于境，神会于物，因心而得"的艺术享受。

艺术实践证明：电影录音剪辑不可能出现生动逼真的直观形象，但通过形象生动的解说和音响素材水乳交融般地结合，借助于听众的"三度创作"则可以在听众脑海中出现"视像"，成为一种挂在听众脑海里的"银幕形象"。听众苏丽萍说："它可以赋予人无限的想象，随着声音的出现，一幅幅自己构思的画面在脑海这一无形的银幕上闪现，犹如自己在编导电影。"

"意足不求颜色似""心有灵犀一点通"，视觉元素和听觉元素脉脉相通。所以，我们认识视觉元素和听觉元素时要有一个系统观、整体观，从而使广播文艺办得更加丰富多彩和令人浮想联翩，使人们一览它的无穷魅力。

（四）因人而异的能动性形象

艺术欣赏是主体见之于客体（作品和节目）的审美创造活动。艺术美的鉴赏既离不开作品、节目，又离不开听众、观众的能动的审美意识活动。艺术鉴赏活动，也可以说是客观刺激物作用于感受器官，引起大脑皮层活动，产生的一种心理现象。广播文艺是听觉艺术，听众（欣赏者）主体性的一系列心理活动，包括音响感知、想象联想、感情体验和理解认识、审美思考等。而且，广播文艺的社会功能、教化功能也主要是以潜移默化的方式，通过听众的积极的心理活动才得以生效的。审美就是艺术欣赏。广播文艺的审美，既具有诸种文艺审美的共性，又具有听觉艺术审美的个性。文艺审美的共性，大概有以下几点。

1. 按照美的规律来创造形象

这一点应该说是人的审美活动的本质特征。审美作为一种"把握世界"的独特方式，和理性、伦理方式比较，其基本形态是感情性的和形象性的。审美的媒介不是抽象概念和逻辑论证，而是对生动形象的客观现实进行感情评价性的把握。审美活动表现为有层次、有规律的过程体系。审美从感觉、知觉开始，通过联想、想象、体验、对比、分析、综合，达到审美的判断和总体把握。人的审美活动是客观的美的规律同人的主观需要和审美理想的统一。审美理想带有一定的理性要求和丰富的想象、情感因素等。感情是审美序列中最有效的振荡器。审美活动中的情感是以感知、通感和表象为基础，以想象和理解为动力的。以情动人是文艺的普遍规律，"寓理于情"是艺术的客观法则，"寓教于乐"是人对审美的共同要求。

2. 艺术带有共性的审美现象

因为艺术不是"镜子"般的机械反映，而是一种积极的能动的反映，它不同于科学，科学尽力将客体精确地复制出来，尽力剔除主观色彩，往往怀疑主体的感觉器官的精确性而求助于精密仪器；而文艺的反映却不一定精确地复制客体，而是在主体对象化、对象主体化的过程中，将主体感受到的客体塑造出来。被塑造出来的形象，既不是客体的原形，也不只是主体的感受，而是两者的融合物、生成物，是妙在似与不似之间的审美意象的"物化"形态。审美主体对于客体艺术品的感受或是自觉的，或是非自觉的，或是显意识的，或是潜意识的，但都带有创作的成分。即使像绘画、雕塑等稳定型的造型艺术的欣赏中，也不同程度地存在着审美者的主观能动性和因人而异的差异性。

法国雕塑大师罗丹，每当他看到巴黎凯旋门墙上吕德雕塑的作品《马赛曲》时，就好像听到了披铜甲、展双翅的自由女神"震耳欲聋的呼喊"，看到了应召而来的成千上万的"战士们"，而更多的观众在观看同一雕塑时，既听不见"静"中之"动"的"震耳欲聋的呼喊"，也瞧不见罗丹主观臆想出的众多应召的"战士们"，这就说明罗丹的审美想象和联想有别于其他观赏者。这种差异的产生不在于审美对象，而在于审美主体自身，是主观感受的结果。我国也有白居易观赏名家画竹"举头忽看不似画，低耳静听疑有声"的诗句，这种静中见动、视听转化的审美效果，是观赏者主观能动性的表现。举一反三、触类旁通，可见，主观能动性适用于诸种艺术的鉴赏。

广播文艺在主观能动性上有其特殊的意义，或者说，有它自己的个性。归纳起来，主要是两点：一是鉴赏的难度性；二是听觉形象的非确定性和演绎性，并由此带来因人而异的差异性。

广播文艺同视觉艺术有别，其差别在于视觉艺术显而易见，可以直接观照；而听觉艺术则需要心领神会，间接形成"视像"。前者，只要不是盲者，起码都能瞧见。因为颜色的感觉属于大众化之列；而后者，则有难度，即使有一对正常的"生理耳朵",而不是"音乐耳朵",即"不辨音律"的耳朵,再美的音乐也毫无意义。"不会听的听音,会听的听心",而从听音(音响感知)上升到听心(会心、畅神、共鸣),即达到灵犀相通,"情往似赠,兴来如答",宛如钟子期听伯牙鼓琴,达到"高山流水"的知音明志的境地,并非是随意可以获得的。

广播文艺是由一度创作、二度创作、三度创作有机组成的。原节目(作品)是一度创作;编辑、音响导演对原作品的加工和广播化处理是二度创作;而听众的"审美参与"(深度介入)是三度创作。三位一体,缺一不可,音乐广播更是如此。马克思说得好,"产品只有在消费中才能得到最后完成",这一正确论断既适合于物质消费产品,也适宜于精神产品,尤其适宜于高级的精神产品——音乐。没有听众的深度涉入和能动补想、情感呼应,是不能在听众头脑中形成音乐形象的。

音乐以表情见长,不能像绘画那样直接呈现视觉形象,也不能像文学那样以明确的语言文字直接叙述生活事件和描绘人物形象;音乐语言是一种特殊的语言,"情感的表现多于描绘",是一种最顺耳、最富于艺术魅力的乐音。正因为音乐语言不具备语言的具体描述性和视觉的直接观照性,因此,音乐形象往往具有非确定性和演绎性的特点。音乐家张前对中央音乐学院的五位学生做过一次"感情体验"试验,在课堂上播放了宋代郭楚望的古琴曲《潇湘水云》的主题呈示段落的录音后,让学生们写出自己的感情体验。五个学生分别做出如下的回答:①叙述某种痛苦;②忧郁而充满力量;③典雅而明朗的情绪;④喜悦;⑤酒狂。

这五个答案,差异性、演绎性如此明显,固然与学生的理解能力有关,因为只有理解了的东西才能更深刻地感觉它;另一方面也与音乐本身的难度和非语义性、非确定性的特点有关。众所周知,音乐形象是比较抽象的,它往往"全是你心中流出来的",即"让听众(自己)将(乐曲里的)情景摸索出来",而这"摸索出来"和"心中流出"均是审美客体与审美主体的统一,即作品的质的规定性和听众主观能动性、差异性的结合。听众是有差别、有不同层次的,尽管对听众层次的划分方法不一,但都承认音乐欣赏既受欣赏对象(节目)的制约,又受欣赏者主观条件的制约。层次不同、水平各异、阅历深浅都会影响自身对音乐节目的欣赏,形成因人而异的能动性、可塑性的音乐形象。

我们提倡听众深度涉入,进行三度创作,发挥主观能动性,对节目形象有所理解、有所增补、有所拓展，但听众的三度创作终究要以节目所提供的艺术形象或生活情景为基础，不能随心所欲。因为在乐音流程中所塑造的音乐形象在具有演绎性和可发挥性的同时，又具有相对稳定性和质的规定性。许多听众喜欢欣赏著名的小提琴协奏曲《梁山伯与祝英台》，固然与作者在音乐前加上小标题，为欣赏者对音乐情节的掌握做了明确的"预示"有关，也与听众熟悉故事情节有关。伴随着不同的音乐旋律，听众脑海中浮现出"相识""结交""十八相送""知情""抗婚""化蝶"等一幕幕情景，从而较好地领会作品的深刻主题，与乐曲一起"起兴""神思""兴会"，最终得到审美的满足。美感的因人而异的差异性即美感的个性，它是相对于美感的共性而言的。所谓美感的差异性、能动性，是指同一审美对象（节目）能引起不同人的不同感受。美感的差异性是客观存在的，其根源在于阶级性、时代性、民族性和个体条件的差异。

当代艺术正呈现出重视信息反馈和接受美学的态势，强调听众积极参与节目再创造。广播文艺方兴未艾，为亿万听众所喜闻乐听。广播文艺的形象是丰富多彩、富有感染力的，由审美客体（节目）所触发，以主体（听众）以往的固有记忆和生活经验为基础，以现时的情感、心境为契机，借助听众能动的丰富的想象力，最后迭现出耳接神交、绚丽多姿的广播文艺形象，给人以创意传神、余味不尽的听觉享受。这样别具一格、独辟蹊径的听觉艺术是有顽强的生命力的，它必将使广播文艺长期地屹立于艺术之林。

二、听众的情感认知与审美接受

在收听环境中，广播文艺作品是一个开放的作品。从本质的诉求角度而言，创作者总是希望听众能够自始至终收听完整个节目，于是付诸情感策略就成为吸引听众注意力的重要手段。当然，从心理机制来说，人的内心总是渴望一定的情感交流和宣泄。并且，情感作为勾连广播文艺作品内容与形式的集合体，可以使听众集中注意力，从而进入想象的世界，持续关注情节的进展。情感影响感知，情感的存在使得听众可以理解角色行为，即发生情感认知。

相对于电视文艺而言，广播文艺的情感性与交流性的表现要更加明显。在很大程度上，正是广播文艺作品的情感诉求引发的听众对作品的关注，并且也正是因为有情感的交流和互动才能完成作品的审美表达。广播文艺需要激活听众特定的情感状态和心理状态才能进入欣赏审美阶段。比如恐怖小说不仅需要使人们进入某种恐惧和反感的情感状态，而且还要通过一系列的声音手段和叙事手法让人们内心产生不断增加的恐慌感。在广播文艺作品中，尤其是叙事性的虚构作品，如广播小说、广播剧、评书，包括具有叙事要素的音乐节目和情感交流节目，引发听众适当的情感反应，通常是使听众随着叙事或者情节线的展开，而理解和把握节目主题的条件。

情感投入可以将观众的认知投射到声音营造的想象世界，并且伴随在日常生活中积累下来的情感经验来完成审美行为。在情感认知理论中，柏拉图主义认为情感削弱个人的理性规则，进而也削弱国家的理性规则，因此是非理性的，人们通过宣泄情感达到与角色产生认同的方式，会形成不利的情感倾向。

柏拉图认为，情感与理性是对抗的。此外，他还认为，在个人生活中，用情感置换理性的做法在心理层面上是有害的。但是，也有学者对此提出了异议——理性与情感之间的区分是否是非黑即白的？情感是否必然是非理性的力量？当代心理学和分析哲学的倾向是，排斥认为情感是非理性的这一柏拉图主义的假说。理性与情感并不是互相对立的，理性是情感不可消除的构成因素。情感认知理论认为是人们的认知状态将人的体内感觉状态与外部对象连接起来，进而达成对认知对象的体察和认识。

对于广播文艺作品的接受而言，最先使听众进入特定情感状态的正是听众对广播节目情景的关注。在通常情况下，当听众在情感上被广播文艺作品吸引时，他们通过接受其情感的方式，在情感上认同作品中的角色，进而对角色所发生的一系列行为产生认同感。需要指出的是，这种认同更多是一种观察者，而不是参与者的状态。

在现实生活中，人的情感是处于无组织细节的混乱状态中的，但是在广播文艺作品中，由于创作者已经按照听众的收听习惯以及生活情景进行了艺术性的加工创作，因而作品可以更加具有针对性和凝练性地吸引听众的注意力。因为在听觉层面上，文本都是预先确定的。

总之，情感在广播文艺作品中的作用主要是对听众的注意力进行控制。从经济角度而言，这往往意味着收听率。

三、广播艺术的审美创造

广播是听觉艺术，是时间艺术。要扬广播文艺声音之优势，汇天下之精华，博取广纳，为我所用，让广播开放出光辉灿烂的听觉艺术之花。

从 20 世纪 70 年代末至 21 世纪初，中国的广播无论从数量还是质量上都有了大的改观，"西新工程"和"村村通工程"的胜利建成，使西部边疆地区的广播覆盖面发生了翻天覆地的变化。近几十年来，我国在广播改革和创新上取得了丰硕的成果和辉煌的成就。

面对国内外多种媒体的竞争，特别是强势媒体电视的冲击，广播要生存、要发展、要繁荣，就要充分挖掘广播的潜力，扬声音之优势，充分调动声音的一切功能和魅力，汇天下之精华，避免低俗，趋向崇高，在文化含金量上下功夫，在人文精神和可听性上做文章，在活办、细办、精办广播文艺节目上下功夫，以实现社会效益、经济效益双丰收。几十年来，中国人民广播事业从延安简陋的窑洞播音跨入了世界先进广播、强势广播行列，为中国人民发出了最响亮、最悦耳、有中国特色的社会主义的声音。

（一）广播艺术创造的理念和思路的嬗变

改革开放以来，我国广播艺术创造理念、思路发生了显著的变化，具体表现在：由单一的政治宣传工具论到多功能论；由"团结人民、教育人民、打击敌人、消灭敌人"的以阶级斗争为纲转向既是党、政府、人民的喉舌，又是传输文化知识和服务大众的媒介；由居高临下到平视，再到悦耳动听，以人为本，以民为本，以听众为本；由高腔阔嗓变成"一对一"的和蔼可亲的播音方式；从文字语言广播，转变成充分发挥声音诸元素的潜力；由单纯靠政府拨款到产业化经营、自负盈亏，等等。

从模拟信号到数字信号，从调幅广播、调频广播到当今全球广播界为之瞩目的 DAB（数字音频广播）和网络广播，信息技术的进步促使广播不断焕发出新的生机。数字化和网络化既是现代电子传媒生存形态的外化，同时，信息技术对于广播的影响已经在不经意间融入现代广播观念之中，成为构筑现代广播观念的基础。

（二）扬声音之优势

广播文艺是时间艺术，是听觉艺术，它由语言、音乐、音响三部分构成，它们之间相辅相成、交相扶持、相得益彰、各有分工、各逞其能、相互渗透、各有千秋。大体来说，语言以表意为主，音乐以表情为主，音响以表真为主。

张凤铸教授在自己的专著《音响美学》《电视声画艺术》《影视剧论》和由他主编的《中国广播文艺学》中做过论述，他认为，语言美、音乐美、音响美既可以单独存在，又可以综合运用、化合而成。单一有单一的美，综合则有综合的美、整体的美。

人的五种感觉在审美和知觉中所发挥的作用是有很大区别的。在审美习惯上，一般把味觉、嗅觉、触觉（肤觉）的肯定性感觉称为快感，而把视觉、听觉的肯定性感觉称为美感。黑格尔把前者称为"实战性感官"，把后者称为"认识性感官"。一般说来，根据它们审美的难度性不同，做如下排序，即味觉、嗅觉、触觉、听觉。

看有看的规律，听有听的特点。眼睛的对象不同于耳朵的对象。视觉艺术的信息不同于听觉艺术信息，也不同于视听综合艺术信息。视觉艺术主要接收光信号（如线条的曲直、刚柔等，色彩的色调、明度等）；听觉艺术主要接收音信号（如音响的音色、音高、音强等）。艺术家诉之于耳的创作方法和诉诸眼的创作方法是全然不同的。主体的生理和心理官能是与审美对象相适应的。

声音是富于表现力和感染力的音乐美、语言美、音响美，首先来自生活美、现实美。我们生活在绚丽多彩的声音海洋里，雷鸣风吼、百鸟争鸣、千言万语、流水欢歌、急管繁弦组成了大千世界的声音交响乐。动和静是相对的。声音转瞬即逝，却又长流不息，回味无穷。

中华人民共和国成立后，国家新闻总署明文规定，"发布新闻，传达政令"是广播的首要任务。历次的全国广播工作会议都强调要把办好新闻节目放在首位。我们提倡多搞些带音响效果的现场报道、录音报道、录音通信等带"响"的新闻性节目。

广播电视新闻传播的信息符号多，有利于受众对某一新闻事物产生准确的认识。比如，某举重运动员在奥运会夺得轻量级冠军，报纸借助于记者的文字描写发布新闻，读者看完报纸后，只能按照记者文字稿的转述想象现场的情景，广播不仅给听众提供了举重运动员举重时发出的声响，还有现场观众的欢呼声，以及运动员的讲话、喘气声……受众可以综合这些信息传播符号，融入自己的分析与判断，获得审美的满足。一个好的广播新闻记者要善于进行音响采录。

音响采录要求广播新闻工作者严格坚持新闻真实性原则，对于现场的实况音响和有说服力、起烘托作用的背景音响，具有一定的鉴别力和捕捉能力。同时还要熟悉录音原理和设备、技术，恰当选择录音场合和具有表征性、典型性的音响，尽可能提高音响的质量，充分发挥现场音响在新闻广播中的作用。

录音报道的种类有很多，目前应用较多的有两大类：一类是按音响的新闻体裁划分的，如录音新闻、录音通讯、录音访问、录音特写等；一类是按录音报道自身形式上的特点划分的，如现场报道、录音剪辑、电话录音新闻等。成功运用这些报道形式的关键在于充分发挥人物的讲话录音和实况音响的表现优势，从而达到画龙点睛的效果。

（三）趋向崇高

倡导人文精神，固然应当借鉴西方人本主义中体现出的积极思想，但更应高度重视中国文化传统的精神价值。

我国广播的发展具有世界其他国家和地区都难以比拟的优势。我们相信，随着经济实力的日益增强，人民生活质量的不断提高，中国广播业将拥有更坚实的社会基础，也将迎来新的发展阶段。广播具有巨大的发展潜力，它的便携性、丰富性和成本低廉等优势是无可比拟的，它的前途是光明的。

广播是文化的载体，它兼收并蓄，容主流文化、精英文化、大众文化、民间文化于一炉。主流文化强调主旋律，体现导向；精英文化强调风格的文雅；大众文化则以感性、通俗、流行、时尚为特征；而民间文化则强调民间的原汁原味和泥土芳香，以及返璞归真的民间神韵。

当前要千方百计提高广播节目的文化品位和艺术质量，避免低俗、趋向崇高，少一些庸俗、媚俗，多一些健康的情调。广播文艺节目应该多点文化含金量，多点民族文化精髓，朝着益智、怡情、悦性的方向发展。

第二节　新形势下传统广播媒体面临的危机

一、外部危机

随着我国网民数量的不断增长，互联网对个人生活方式的影响进一步深化。随着"互联网+"行动计划的出台，互联网将带动传统产业的变革和创新。在云计算、物联网及大数据等应用的带动下，互联网将加速农业、现代制造业和生产服务业的转型升级，形成以互联网为基础设施的经济发展新形态。互联网日益深入地渗透到我们生活的每个角落。而传统广播的受众数量却呈现出另一种面貌。

数字化时代的网络新媒体，在资本和网络技术的支撑下，越来越重视网络上的声音元素、用户对声音的需求，先后开通了网络广播和微电台等，同时开发了各种基于个人电脑或手机终端的广播应用软件。这些新媒体样态的崛起和发展，对传统广播来说是一场无法回避的挑战。

在移动互联网时代，传统广播尽管在节目内容上不断地追求接近和满足听众，但广播的传播和接收技术一直停留在 100 年前的调幅广播和 70 年前的调频广播的水平——广播软实力的提升遭遇"硬件"技术滞后的瓶颈，严重抑制了广播收听率和传播影响力的提升。而在此背后还包含着传播理念、传播形态的落后，这些都使得传统广播在面对新生媒体崛起、传播市场发生翻天覆地变化时感到危机重重。

二、内部危机

从当前的情况来看，广播媒体应认识到新媒体的冲击带来的既有危机，又有良机。思危于外，而自检于内，传统广播的危机追根溯源其实来源于内部。这种内部的体制机制、理念性问题才是传统广播必须面对的深层危机。广播媒体只有认识到自身内在存在的深层问题，才能够化危为机。具体来说，这种内部危机主要可以概括为以下三个方面。

（一）体制之困

传统广播媒体面临的体制上的束缚首先是频率管理体制上的条块分割。从计划经济时代延续至今的广播媒体管理体制是 20 世纪八九十年代建立起来的"四级办台"体制，其核心是按照行政区划进行管理，每级广播电台只能覆盖同级行政区域。在计划经济时代，这一管理体制为我国广播产业的发展发挥了积极的作用，但在当前，这一体制与市场经济环境的冲突日益显现。

在市场体制下，每一家电台都是一个独立的市场主体，竞争成为彼此之间的关键词，不存在行政级别之分。但事实上，原本应该单纯的市场主体之争因为裹挟进了旧体制下的行政级别之分而变得复杂而"尴尬"。广播电台的发展空间随着行政级别的降低逐步缩小，县级广播电台特别是西部经济不发达地区的县级广播电台基本失去了市场价值，只能依靠财政拨款勉强"糊口"。层级分开、条块分割，阻碍了广播资源的整合，难以形成全国广播大市场。

与广播媒体受到严格管控相比，新媒体的发展环境则宽松得多，虽然没有采访权，却可免费转载或以近乎免费的"白菜价"使用传统媒体的新闻资讯、音视频资料，可以无偿使用网民上传的文字、图片、音频、视频，这使得新媒体迅速发展壮大，成为传统媒体强有力的竞争者，甚至有朝一日会成为传统媒体的"掘墓人"。

传统广播媒体另一个体制上的束缚是人才管理体制的僵化固化。广播媒体在我国一直是以事业单位属性进行定位管理的，其内部的工作人员都是所谓的"事业编制"。但随着广播媒体自 20 世纪 90 年代以来逐步走向市场之后，广播媒体开始实行事业单位企业化管理。

市场竞争的需要使得广播媒体不断扩充人员，而限于既有管理体制的人员编制限额，扩充的新增人员往往是劳务派遣或聘用人员的性质。事业编制人员能进不能出，派遣和聘用人员想进进不来，同在一家电台干活，事业编制人员干得少、拿得多、福利好，劳务派遣人员和聘用人员干得多、拿得少、福利差，甚至不享受福利待遇。身份不平等，同工不同酬，让派遣人员和聘用人员缺乏认同感、归属感和安全感。

而新媒体平台的影响力不断提升、创作发展空间大、薪资待遇优厚、合作契合度高、工作环境自由，对优秀广播电视人才产生了强大的吸引力，一些业务骨干陆陆续续加入了新媒体阵营，传统媒体正在沦为新媒体人才的"培养基地"，僵化固化的用人机制成为传统媒体发展的障碍。

此外，广播机构属于差额拨款事业单位，人员工资总额受政府人力资源和社会保障部门控制，一些广播机构经营效益再好、利润再高、单位再有钱，也不能自主决定增加职工收入；相反，经营效益再差、利润再低、单位再没钱，职工收入也不能减少。旱涝保收、出工不出力、干多干少一个样，难以调动事业编制人员的工作积极性。事实证明，一些人整天嚷嚷的"传统媒体缺乏人才"是一个不折不扣的伪命题，缺乏市场化的用人机制才是根本问题。

（二）身份之困

我国各级广播机构的主体性质很不明确，分不清是市场中的经营主体还是政府中的宣教主体，分不清是公营公益的公共电台，还是以创收为主的商业电台。由此带来的问题是身份的尴尬，作为"国营"广播电台，要承担舆论引导、文化传播和公共服务职能，担负提高全民文化素养的职责，不能像国外公共电台那样只讲覆盖率不讲收听率；作为事业单位企业化管理的市场主体，要挖空心思拼创收。

要提高收听率以换取广告投放量，但又不能像商业电台那样成为完全的市场经营主体，在国家法律规定和行政许可的范围内，一切以创收盈利为诉求，努力创新节目形态和内容，千方百计吸引公众注意力，以最小的成本投入赚取最大的经济效益。我国广播媒体既要讲社会效益又要讲经济效益，既要发展事业又要发展产业，"事企不分"的模糊身份，无法明确的市场主体地位，让广播电台不可能充分参与市场竞争。

与此同时，作为行政化管理体制之内的党的舆论喉舌，又具有强烈的"排他性"，禁止社会资本、民间资本和境外资本的进入，更无法完全面向市场跨界融资；而行政化的管理体制下，管理层级多，决策效率低，面对瞬息万变、商机稍纵即逝的传媒市场，现行管理体制与广播产业发展之间的矛盾日益突出。而行政化建立起来的广播电台分割了广播产业的发展空间，让广播产业进行跨行业、跨地区发展困难重重，优质资源无法有效整合，产业链无法形成，阻碍了全国广播大市场的形成。

（三）观念之困

在广播产业发达的西方国家，广播网站和新媒体已成为商业电台节目播出、品牌推广和经营创收的重要平台。但在我国，广播网站建设和新媒体发展虽然与西方国家同时起步，但多数广播电台用办广播的思维办新媒体，拼政绩的考量远大于拼市场的决心，满足的是"有则可，不求甚解"，遑论拿到市场中去竞争。这背后不是看不到发展网络广播和新媒体的重要性、看不到台网融合、新旧媒体融合是广播发展的必然趋势，而是观念和思维在作祟。

以网络广播为例，国家行政主管部门对其的定性是播出机构，管理体制决定了运行机制，运行机制决定了办网模式，用办广播的思维来办网站，基因还是广播电台的，靠其发育起来的广播网只能是广播电台的"复制品"。

新瓶装旧酒，换汤不换药，致使广播网无法成为真正意义上的新媒体。新媒体与传统媒体的差别不只是名字、传播载体和接收终端的不同，用传统媒体办出来的新媒体依旧是传统媒体，用新媒体思维办起来的媒体才是真正的新媒体。新媒体产业成为广播电台新的经济增长点还有很长的路要走。

第三节　传统广播媒体的新媒体运营尝试

一、传统广播媒体的新媒体运营理念创新

（一）明确节目定位，抢占媒体市场

当今社会媒介资源异常丰富，各种信息像潮水一样冲击着人们，这也意味着人们接收信息的方式越来越多，对信息渠道相对较窄的传统媒体来说，这是极具冲击性的，传统媒体也因此失去了很多受众。传统媒体寻求生存发展最有效的方式便是拥有一批相对稳定、高质量的受众，特别是在现如今国内广播节目存在同质化严重的问题的情况下，明确节目定位和市场目标，在分众市场分一杯羹，是传统媒体面对激烈的媒介竞争环境时的必然选择。

明确目标，抢占市场，首先需要从广播播出类型出发，充分分析现有相对固定受众的情况，对受众进一步细分，并以此为基础改良节目构成和节目内容，简单来说就是要留住对节目比较认可的基础听众，同时必须注意保留节目本应有的特色，不能完全为了迎合受众丢失底线和特点。另外，要明白社会发展瞬息万变，市场上充斥着多元文化、多元理念，受众的需求也因此而不断变化，类型繁多，因此节目也要不断调整、不断创新，适应新时代的变化。

（二）拓宽经营领域，提升影响力

当我们进入信息饱和的时代，毫不夸张地说只要出现一种传播媒介，就能很容易在媒介市场上生存下来，由于这种信息和媒体资源的超载，传统媒体早已失去了以前那种"酒香不怕巷子深"的优越感，现在的广播节目要想做出成绩，提升影响力，不仅要明确目标、抢占分众市场，还要拓宽传播领域、提升节目影响力，让节目深入人心。

怎样才能拓宽传播领域、提升节目影响力，这就要求，首先，传统广播节目要在已有节目安排的基础上，借鉴其他媒体的播出优点，并融合改革。

其次，要充分开展线下活动，比如听友见面会、配音比赛、晚会，还有由商家赞助的商业、公益活动等。开展线下活动会给传统广播增色不少，广播的性质就是以声音为主要传播对象的，声音传播有优势，但也会在日常生活的过

程中，尤其是在新媒体盛行的情况之下，给受众带来距离感，据调查，大多数受众更喜欢看的信息是图片、文字、视频等，"面对面"的交流更有利于信息传播。线下活动容易让听众对节目、对主持人产生一种亲切感，能有效提升节目影响力。

二、传统广播媒体的新媒体运营模式创新

（一）技术创新的运营模式

在新媒体环境下，广播媒体在运营模式上大胆尝试了以互联网技术为基础的创新。以试听技术为例，传统广播运用可视化技术让广播节目更为生动、丰富。在传统广播节目中，主持人作为一个"神秘"形象存在于受众的感知中，受众只能通过声音去享受电波所带来的魅力，单一的信息接收或许会使受众产生听觉疲惫感。而主持人的出镜、互联网技术的辅助以及立体传播的效果为受众提供了更丰富的信息接收方式，拉近了受众与节目的距离。

比如，用摄像机直播编辑、主持人的工作状态，使听众在收听节目的同时可以通过互联网看到主持人在直播间的所有情况，实现真正意义上的视听盛宴。

（二）传播创新的运营模式

在新媒体环境下，单一专业化的媒体逐渐向多元化的平台扩张发展。传统广播通过引入互联网及数字技术，在移动客户端、公众号等平台上搭建了以信息共享为基础、多元互动传播的大环境。广播媒体正是在这种共享思维下获得内容，突破传统点对多的传播模式，实现多对多交互传播模式的。在互联网环境下，受众可以随时进入或离开一档广播节目，很难保证完整收听一档节目；而且，基于新媒体时代人们碎片化的信息接收模式，受众对于节目的注意力受到了很大的影响，越来越趋于"一心多用"的收听模式。

（三）内容创新的运营模式

在新媒体环境下，传播媒体的内容运营更加围绕受众的心理需求而展开，包括受众对媒体的体验感、参与感。从受众角度出发，他们更关注同自己的环境、身份、利益和文化背景等接近的信息，并因此而产生共鸣。因此，从"互联网＋内容"的角度思考，广播电台不仅能从互联网海量信息中获取内容资讯，还能通过让受众参与节目生产的全过程，进而搜罗富含地域化、本土化、个性

化的受众信息内容。广播运营部门可以从中挖掘用户价值，搭建线上线下的互动平台，对相关内容产品进行拓展。

受众即用户，用户资源的收集，可以为广播的整个生产链条提供依据，并且精准化的服务可以提升整个服务的效率，为广播带来更大的收益。

三、传统广播媒体的新媒体运营尝试实例

（一）微信统一运营

微信是江苏省广播电台新媒体的一个主营方向。2014 年江苏台开始整合下属台及各个节目的微信公众号，集中力量做微信，对全台微信号做统一管理，建立了三大系统。

1. 多账户管理系统

多账户管理系统，即微信矩阵，其中包括 65 个微信号，加在一起有 200 多万粉丝。由一个统一的新媒体技术团队为这个隶属于江苏总台的微信矩阵设置后台，实现消息统一推送，菜单栏统一管理。

2. 直播交互系统

这个系统主要应用于早晚高峰直播时段。目标包括两个方面：一是把听广播的人变成用户；二是与他们互动。目前运营的产品有两个：一个是"微博live"；一个是"大咖朋友圈"。具体形式上采取音视频图文互动，改变节目制作的方式。利用这个交互系统，江苏省台可以开展一些精准的营销活动。如面向年轻人的节目《男生宿舍》以及《深夜食堂》等。

3. 营销系统

形式是抽奖和秒拍。早高峰《滴滴叭叭早上好》节目举办的一元秒杀活动，峰值时在线人数高达 40 万人。

（二）市场化运营

各个节目有自己的微信、网站，在实际运行当中，它们只是节目的一个宣传平台，无法作为经济主体独立运营。在南京台的新媒体运营尝试中，最值得一提的是 2014 年 9 月 22 日南京广电集团与摩尔猫猫合资成立的广电猫猫公司。这家合资公司注册资金为 1000 万元，其中南京广电集团出资 600 万元，摩尔

猫猫出资 400 万元，由南京广电集团下属南京广播传媒公司负责运营，今年营业额过亿。不过，南京广电虽然是大股东，但不负责运营，仅派驻一名执行董事、一名财务总监。

广电猫猫的经营主要侧重三个方面：首先是配合主持人做好节目宣传和活动；其次根据节目、活动进行全媒体包装推广；最后是在微信、微博上植入新媒体营销手段。电台所有的新媒体资源，包括网站、APP、微博、微信等新媒体平台，全部打包交给合作方。

目前，南京台的所有微信都由广电猫猫统一规划管理运行，专人对接，成立了统一的微信后台。核心业务是电商、充值（沉淀资金、返佣提成），此外，还包括资讯服务、生活服务、金融服务等。业务集中在汽车和二手车、生鲜、酒水、餐饮等方面。

对于这个经营性质的合资公司所发挥的作用，南京广播电视集团的领导做了一个简单的概括：注册一个"会员"，把听众变成了用户，同时会员要通过会员账号和银行卡付费，这就和银行建立了联系，于是形成了广播、APP、听众、商家这样一个完整的产业链条。而对于选择与一家私营公司合资，而不是自己全资组建公司，他表示，这是出于三点考虑：其一，组建新公司，传统媒体缺乏新媒体人才，这就意味着要大批量招人，大量的人才引进对我们国有企业来说是比较麻烦的，不如交给一个成熟团队去做，其中所进行的市场化操作，这些都要借助新媒体来实现，传统媒体不具备这个功能；其二，市场运作受限制，政策上缺乏靠山；其三，国有企业工作人员的心态不同，国企干部因为面临工作调动很难全身心投入工作，而民企的领导，公司利益直接关系其自身。

（三）APP 客户端

山东广播电视台有 500 多人的新媒体中心，对内是新媒体中心，对外是公司，公司老总是两种身份。平台建设是台里投资，具体项目吸收社会资金来做。主要业务包括齐鲁网、手机台、轻快 APP 等。但是这个新媒体中心对于广播的新媒体平台并不太侧重，广播的新媒体主要是各个频率自己在做，如做得比较好的山东经济广播。

山东经济广播在新媒体方面多有尝试，虽然认为新媒体的发展不可能靠一个频率的力量，但是在目前的状态下，只能是以频率为主体去进行尝试和探索。微信公众号方面，山东经济广播现有十几个微信，包括问汽车、问养生、问股票、问旅游、校园秀、问专家、爸妈帮、育儿乐等，交互比较活跃。依托微信平台，配合节目搞活动。目前比较火的是问股票，借助股市下午茶节目，举行一对一的股市下午茶，每人交88元，与专家面对面交流，由房地产公司免费提供场地。并且，将客户端平台与微信平台打通，可以一键进入微信平台，实现平台互联互通。

活动方面，为了防止节目之间的相互竞争，山东经济广播要求频率内的房产、餐饮、股票、汽车等四个节目，形成一个服务中产阶层的广播节目联盟，定期组织活动，房产节目负责找场地、股市节目负责找专家、各节目一起找听众。

同时，从渠道和内容两方面发力，内容上提升节目质量，向节目产品化努力；渠道方面向新媒体化努力。从经济广播来看，新媒体平台的工作量很大，生产流程发生了很大变化，包括节目前话题推送、节目中多个媒体平台进行互动、节目后将播出节目切条上传到新媒体平台、新节目孵化、主持人包装等，工作量与之前相比增加了70%。

第五章　新媒体冲击下电视媒体的融合探索

随着信息科学技术的迅猛发展，传媒技术可谓是越来越先进，对于社会的影响也慢慢加深。近些年来，新媒体在各个方面创造了一个又一个奇迹。本章将从电视艺术的文化品格、新媒体对我国电视文化节目的冲击和新媒体环境下电视文化节目的传播三方面进行阐述。

第一节　电视艺术的文化品格

一、电视艺术审美特征

（一）运动性和造型性的结合

电视有别于绘画、建筑、雕塑等，就在于它的视觉形象是视听兼备的活动形象。可以说，正是运动给予电视以生命，运动造型给电视以形态和神韵，使得电视成为一门充满运动感的新兴的声画造型艺术形式。

众所周知，电影以每秒 24 格的速度运动，电视以每秒 25 帧的速度运动。没有运动，便没有了一切，就是无画无声、死气沉沉的屏幕本身。电视的运动性，既包括客体运动，又包括主体运动，还有主客体复合运动，以及蒙太奇的特殊组合式运动。

电视摄像机的轻便化、灵活化、数字化，使电视的摄录手段具有很大的优势，使电视声画的连续运动有了可靠的技术保证。电视画面和伴音的运动在时间延续中获得了再现和表现的功能、叙事和抒情的功能、反映外部世界和内心世界的功能。电视的审美场是一个"物理—生理—心理"时空综合效应流程结构。电视是科学和艺术的结晶，它是"科学的艺术"，又是综合的艺术，"它侵入了家庭和生活，影响了思想并改变了习惯"，实现了"人不出门，百事皆闻；人不出屋，诸艺入目"的千里眼、顺风耳境遇。

如果说运动性关注的是时间变化，重视方向、速度、幅度、频度，那么造型性关注的主要是空间状态，重视光线、色彩、镜头、构图、字幕、化装、道具、特技等。中国的第五代导演尤其重视造型的创造性思维，如电影《一个和八个》《黄土地》《红高粱》《大红灯笼高高挂》《秋菊打官司》等在造型的形态、神韵、内涵、象征上有诸多创造，是值得电视艺术借鉴的。我国的电视艺术作品也有不少令人称赞的造型佳作，如早期的电视节目《收租院》中的大型泥塑群雕造型；《雕刻家刘焕章》则以根雕造型为贯穿线，展现了刘焕章的艺术追求及其取得的丰硕成果；陈爱莲的舞蹈专题片《线》、杨丽萍的舞蹈专题片《舞之魂》，在舞蹈造型上颇有特色；《西藏的诱惑》《朝阳与夕阳的对话》《篱笆·女人和狗》《辘轳·女人和井》《古船·女人和网》《希波克拉底誓言》《南行记》等在丰富电视艺术的造型语言方面做出了重要贡献。

此外，中央电视台春节联欢晚会在核心区域造型、表演台面造型、主体图案造型、后景造型、左右区域设计、现场观众区域设计、人物景物造型方面也取得了长足的进步。在纯形式区域设计上也有诸多探索和创造，如硬造型语言设计、软造型语言设计、光造型语言设计、雕塑造型语言设计、图案造型语言设计、灯具造型语言设计等。今后仍可在纪实性造型、写意性造型、实用性造型、浪漫派造型、风格化造型、古典造型、现代造型，崇高美造型、阴柔美造型、西方造型、东方造型、民俗造型、动画造型、激光造型、演员造型、建筑造型、道具造型、广告造型、外电反馈造型方面做出更多的探讨，涌现更多的精品。总结起来就是一句话：要让电视"动"起来，动得合乎规律、恰到好处；要让电视"立"起来，"立"得准确、鲜活、生动，达到运动性与造型性的完美统一。

（二）社会化和家庭化的结合

电视是社会化的大众传播媒介，具有广大的观众群。中国也已成为地地道道的电视大国。随着电脑的普及和多媒体互联网的兴起，个人化的观照方式逐渐多了起来。

美国哥伦比亚广播公司、美国广播公司和全国广播公司，各自拥有约200家附属电视台，通过同轴电缆或微波向各附属台提供材料设备和源源不断的节目。国际联网化已被提到议事日程上来。不少国家已实现讯源本地—外地—中央—世界一体化，而审看方式则趋向于个人—家庭—社会多元化。电视艺术不再是案头阅读方式，也不是与真人面对面的剧场观赏方式或置身于黑暗中的影院观赏方式，而是"面相交流"的家庭观赏方式。一台中央电视台的春节联欢晚会，牵动了整个社会，整整十几亿观众同看一台晚会。翌日，全社会评头品足，或褒或贬，或喜形于色，拍手叫好，或情绪受挫，为晚会失败叹息。一个节目可以让一颗"新星"冉冉升起，一夜成名，名声大噪。诸如"张明敏效应""费翔效应""杨丽萍效应"等。随着卫星电视的发展，全世界同看足球世界杯、奥运会以及奥斯卡金像奖颁奖典礼等屡见不鲜。电视"缩万里于方寸""展毫厘成宏幅"，尺幅荧屏窗口囊括古往今来、五洲四海，包罗万象。"电视把全世界的起居室变成了观众厅"，实现了人类视觉、听觉的极大延伸。

（三）逼真性和假定性的结合

电视以"传真"取胜，以直观见长。电视的逼真性，是观众有目共睹，令观众感同身受的。广播是声音"点"的流动，只闻其声，不见其貌，是属于间接的、非直观的想象性形象，是"虚以思进"的非实体形象。而电视是"实以形见"的影像艺术。摄像机属于"照相式地再现事物"，而照相方式以真实、精确地记录、再现现实生活为特征，"照相式地再现事物，要比任何其他再现形式更加具体而明确"。所以，照相、摄像成为法律取证的手段之一。科学技术的进步，使摄像机、录音机等具有惊人的保真度和表现力、感染力。宇宙之大，毫发之细，千里之遥，咫尺之距，内心世界之"隐"都可以囊括进来，尽收眼底。镜头之中，无论是天籁、地籁、人籁之声，还是急管繁弦之音，都能兼收并蓄，悉入话筒之中。电视独特的摄录工具使得荧屏上的人物和生活场景极其接近客观现实，富有纪实性和临场感，观众宛如亲临其境、置身其中，可以真真切切地进行审美观照。

电视既具有逼真性，又具有假定性和虚幻性，就像罗马神话中的雅努斯神像一样，它是一尊"两面神"，头前后各有一副面孔，一副看着过去，一副注视未来。这种从相对的两方面进行思辨的方法称为"雅努斯现象"或"雅努斯思维"。电视正是真、幻统一的传播媒介。电视是由框架、影像、构图、伴音、色彩、文字等要素组成的。荧光屏是由四边框架构成的，而现实生活是没有明显的"框"的。"框"是一个空间概念，它具有单向性（画面正前方）、虚幻

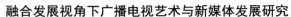

性（二维平面造成的三维幻觉）和封闭性（定位、刻度、画框分割）。"框"具有凝聚电视观众的注意力的作用。电视的时间、空间也是假定的。它可以使真实的时间延长、跳跃、压缩、定格、加快、闪回等，镜头虽然代替了人们的眼睛，但又有别于人们的眼睛，灵活多样的移动摄影、广角镜头、长焦距镜头、变焦距镜头、推拉摇移跟镜头、畸变镜头、特技镜头等的运用，改变了空间环境的自然属性和人物、事物的状貌，开拓了新视野，改变了人们的正常视线，使艺术世界、内心世界千姿百态、绚丽多彩。人的内心世界原本是看不见的，但电视艺术和技术可以使人物（角色）的内心活动具象化、声态化。电视可以通过回忆、想象、联想、梦境、幻声、幻视、幻听、幻觉、特写等假定性手法直接呈现人物的内心奥秘，如窥其心，如察其脑，如感其情。

技术的发展日新月异，一场以"信息高速公路"为标志的新技术革命已经到来，电视艺术作为与技术密切相关的"科学性艺术"，在多媒体时代将面临全新的挑战和机遇。电脑的普及和各种特技的魔变本领，向传统的影视本体论、真实记录论发出了挑战，使其由一元变为多元，由单脸孔变为"雅努斯"双面孔。

（四）兼容性和选择性的结合

采英撷华、博取广纳，"汇天下之精华，扬独家之优势"，信息量大，兼容性广，节目丰富多彩，可选择性强，以俗为主、雅俗共赏而又有个人选择余地，构成电视艺术的又一特征。

随着电视台数量的急剧增加，随着中外影视节目交流的日益频繁，电视节目越来越丰富，它为电视屏幕开辟了一个兼容并蓄、风格各异的艺术新天地。

电视艺术的兼容性和选择性，既有联系又有区别。兼容性内涵丰富：它是多种构成因素的兼容；现代电子科技与多种艺术的兼容；多种艺术门类和艺术手段的兼容；多种艺术形式的兼容；多种艺术风格、流派的兼容；多种艺术信息和审美形态的兼容；多种文化层次观众的兼容。选择性内涵单一，但代表当代观众的审美要求和趋向。不丰富，就谈不上选择。人们的欣赏趣味既具有趋同、共性的一面，又具有个性、独特的一面。艺术观照的道路应该越走越宽，越来越有可选择的余地，让人们能够各取所需。

丰富多彩的现实生活，为电视艺术作品的丰富性、兼容性提供了源源不断的创作之源。无比先进的电视科技，为电视艺术创新提供了良好的物质条件。电视必须不断扩大自己的表现领域，不断创造电视独有的艺术品种，以丰富荧屏节目，达到电视艺术兼容性和选择性的完美结合。观众的遥控器不停地"扫描"，旨在寻找可心的精品节目。精品节目是电视观众的最佳选择。

二、电视艺术综合性与文学性

（一）综合性是电视的本性

综合性是电视的特性之一，同时也是当今电视发展的主要趋向。充分认识电视"综合性"的特点和优势，兼收并蓄，为我所用，走具有我国社会主义特色的电视发展道路，是提高节目质量，繁荣电视事业的必经之路。

综合性是电视的本性，电视是先进的科学技术手段和新闻、艺术、百科知识、服务项目等结合在一起的综合体。它是时间和空间、声音和画面、视觉和听觉的综合和延伸，它本身综合了电影、戏剧等艺术，使人们不用费力，坐在家里就可以看到和听见远处传来的影像和伴音，同时其还与文学和音乐有密切的联系，中国电视富于新闻的时效性和现场感，富于表现力，节目包容性广，综合性强；既能将原有节目预先录制好播放，又能通过卫星转播等手段与节目现场实况同步，将声画呈现在观众眼前、耳际。

电视节目灵活多样，种类繁多，集视听之娱，汇形、声、色、字之美，形象逼真，生动活泼，从大的系列来分，有新闻节目、专栏教育性节目、文艺节目等；从节目制作方式来分，有实况转播、录插、直播等节目；从表达方式来划分，节目形态有纪实性的、虚构性的、解说性的、主持人交流性的、报道性的、表演性的、采访性的、讲座性的、座谈性的，如此等等，不一而足。

电视是一门综合艺术，它既具有新闻属性，又具有艺术属性，为亿万观众打开了一扇观察祖国各地、世界各地、人际社会和动物世界的"生活之窗"，观众可以坐收增知、益智之利，也就是说，电视具有多方面的功能。

（二）电视艺术的文学性概述

所谓电视艺术的文学性，主要是指从文学中汲取的构成电视艺术的文学元素。这种文学元素使得电视艺术具备了某种文学性。具体来讲，也就是孕育在作品中的情感和诗意，即通过画面和画面之间的组接，创造一种诗的意境，以抒发真挚的情感，特别是创作者的主观情感。

文学是一种社会意识形态，是运用文学语言塑造人物形象、反映社会生活并表达作家的思想感情的一种艺术。文学的种类有很多，除了小说、诗歌和散文这些本体文学之外，尚有戏剧文学、电影文学和电视文学等特殊样式。其中，电视艺术的文学脚本也属于一种特殊的文学样式。它们与本体文学的差别在于：本体文学只诉诸文字，而特殊文学最终还要诉诸舞台、银幕和屏幕，因此，在创作中必须顾及舞台的演出、银幕的放映和屏幕的播出。但因为它们都具备文学的基本性质，所以电视艺术也便先天地具有了浓厚的文学性。

当然，说电视艺术具有文学性，绝非说电视艺术就是文学。"文学"与"文学性"，这是两个不同的概念。文学是一种语言艺术，而电视艺术则是一种声画艺术。文学主要通过文字语言的叙述、描写、抒情以及适当的议论，借助读者的联想和想象，在读者的头脑中构成一幅具体的、形象的完整的生活画面，所以带有某种间接的接受性。电视艺术则不然，它通过声音和画面，将其要表达的生活场景直接诉诸观众，故而带有某种直观性。表达方式和接受方式的根本不同，也便决定了电视艺术本身不是文学，而是一种独立的艺术样式。所以，当文学介入电视艺术之后，便失去了其作为语言艺术的本体属性，而仅仅化作电视艺术的一个基本构成元素，并体现为电视艺术的文学性。

电视艺术的文学性还是一个比较笼统和抽象的概念。具体地讲，电视艺术的文学性体现为它的抒情和诗意。就如陈白尘所说："文学性可以说直接表现为作品的诗情，富于哲理的诗情。只有忠实于自己的灵魂，并富有文学修养的人，才能给予他们所塑造的人物形象以灵魂，给作品以灵魂。"

电视艺术作为一种独立的艺术样式，就必须具有艺术的基本特性，那就是以情感人。因此，抒情和诗意也就构成了电视艺术文学性的重要标志。只有这种充满文学性的电视艺术作品，才能产生内蕴的艺术魅力。通过画面的抒情，创造诗的意境，增强电视艺术文学性的方法有很多，归纳起来大致有以下几种：①借景抒情；②托物抒情；③叙事抒情；④直接抒情。

（三）增强电视艺术的文学性

在了解了电视艺术的文学本质之后，我们应该在电视艺术创作中努力增强其文学性。任何电视艺术作品都是由导演创作的，我们无法想象没有文学修养的人可以创作电视作品。可以说，电视作品将导演的艺术技巧和文学素养赤裸地展现在了观众面前。因此，提高电视艺术创作者的文学素养至关重要。

电视艺术的创作一般分两个阶段进行：一为电视文学脚本的创作，一为电视艺术作品的拍摄制作。前者属于文学创作，因为它仍然是运用文学语言写出的文学作品，是一种具有屏幕感觉、屏幕画面特色的文学。这种文学脚本是一切电视艺术创作的基础，所以说，"剧本是一剧之本"。后者属于屏幕艺术，它是指在文学脚本的基础上，在导演的具体指导下进行拍摄制作，由导演将文学、绘画、音乐、摄影等诸多元素艺术地综合在一起，完成综合艺术的制作，在这里，"导演是关键"。以上足以说明：离开了文学脚本，便没有了导演艺术；没有导演艺术，也就难以将文学脚本搬上屏幕。文学与电视艺术之间存在着密不可分的血缘关系。

当然，要将文学脚本搬上屏幕，将文学形象转化为屏幕形象，这不是一件轻而易举的事情。如陈白尘所说："要将文字创作的形象移植到屏幕上，并产生同样的魅力，也许比直接创作更难。"它需要电视导演根据文学脚本进行整体艺术构思，并将其付之于演员及摄像、音乐、美术等部门。这是对电视导演各方面的艺术水准，特别是文学修养的全面考察和检验。可以这样说，电视剧导演的文学修养体现在电视艺术创作的全部过程之中。

首先，对原作的理解需要文学修养。电视艺术要在文学脚本的基础上经过二度创作才能被搬上屏幕，这就有一个对原作的理解问题。文学修养高的导演能够准确地把握原作的主旨，认识原作的价值，在屏幕上艺术地体现原作的创作意图，并且进一步予以艺术的升华和提高。

其次，整体艺术构思需要文学修养。将文学脚本搬上电视屏幕，即将文学的间接表述转化为画面的直接展现，将文学形象转化为电视屏幕形象，必须有整体的艺术构思。也就是要对电视艺术的诸多元素，给予认真、细致、全面的思考、设计和观照。而这，如果没有较高的文学修养，也是难以完成的。

再次，结构设计需要文学修养。如果电视艺术作品带有某种叙事性，则需要对材料进行一定的组织和安排。不同的电视艺术作品有不同的结构方式，很难有绝对相同的。然而，电视艺术作品的结构是否合理，从整体上看是否具有高度的艺术性，不仅是检验导演艺术水准的标志，甚或是检验导演文学功底的试金石。

最后，人物形象塑造需要文学修养。电视艺术创作仍以塑造人物形象为主，而要塑造好人物形象，也需要创作者具有较高的文学修养，正如高尔基所说："文学就是人学。"现代观众对电视艺术作品中的人物要求是苛刻的：他们不再需要公式化、概念化、"高大全"式的人物，甚至不满足于有血有肉、栩栩如生的人物典型，而开始偏爱多层次、多侧面和全色彩的屏幕形象，不仅要展现人物的行动、语言和思想，更要揭示人物的心态和潜意识，这一切，不能不仰仗创作者所具备的较高的文学修养。

此外，创造屏幕造型语言也需要文学修养。一提到屏幕造型语言，似乎只是屏幕艺术领域的事情，甚或只是电视美工考虑的课题。其实不然。杰出的屏幕造型语言，事实上也是一种文学性的体现。电视艺术综合了各种造型艺术的手段和技法，诸如线条、色彩、光效、影调、构图、透视度、材料结构、空间处理等，形成综合性的造型语言，用以表达编导者的创作意图，形象地揭示出电视艺术的思想内涵。要想使屏幕造型语言体现出美和诗意，当然离不开创作者所具备的深厚的文学修养。

综上所述，努力增强电视艺术的文学性，是提高电视艺术质量的重要方面。电视艺术创作者应该充分认识到文学性在电视艺术创作中的重要作用，努力掌握文学性的种种屏幕表现方法，尽快提高自己的文学修养。只有这样，才能创作出充满诗情的电视艺术作品。

三、电视艺术精品是文化积累的产物

（一）直面电视艺术节目质量问题

毋庸讳言，节目的质量问题是重要问题，有些现象值得我们关注。其一，晚会的节目数量虽然减少了，但浮华之风仍盛，媚俗、庸俗之举尚存，掩盖不住内容苍白的本质；不少电视剧浮华成风，婚外情泛滥成灾，不知想把观众引向何处。其二，躲进历史的躯壳，胡编乱说，演绎历史多，反映现实少。其三，武打戏成风，荧屏到处是刀光剑影、恩恩怨怨，缺乏审美价值。其四，舍短求长，剪接失度，冗长拖沓。其五，追求庸俗、媚俗和低级趣味的作品，想讨好观众，却丢掉了观众。其六，重导轻编。剧本跟不上，创意跟不上。形式老套、模式化、雷同的东西太多。内容缺乏新意，没有可供品味的余韵。

现在不少栏目和频道的收视率都在下降，观众的批评意见较多，就连名牌节目《东方时空》和春节联欢晚会的收视率实际也在下降。究其原因，前者是改版失误，忽视了早晨广大观众的收视心理，缺少短、平、快的信息，拖沓、冗长，节奏慢、内容散；后者则是缺乏精品，喜庆有余，场面节目过多，而有深度、有看头、有听头的节目不多了。

（二）精品是立台之本

精品是立台之本、竞争之宝，是繁荣电视文化的重要标志，是提高电视社会效益和经济效益的关键，是弘扬中华民族优秀文化的最有效的途径，也是同兄弟台、境外电视、卫星电视竞争的重要手段。文艺精品是指思想精深、艺术精湛、制作精良的优秀作品，是思想性、艺术性、观赏性的完美结合，具有审美价值。在今天，即21世纪之初，文艺精品被赋予了鲜明的时代特征和深刻的思想内涵。

思想精深，即既深刻反映我国改革开放与现代化建设的伟大实践和光辉业绩，又鲜明体现真、善、美和人文魅力。精品是维系电视艺术生命力之所在。新世纪在召唤精品，观众在等待精品。谁掌握了精品，谁就掌握了主动权，谁就赢得了最广大的观众。

艺术精湛和制作精良属于艺术和技术的范畴，是指精心构思、精心制作，贵在"精"字，精益求精。节目要达到思想、艺术、技术、观赏的珠联璧合，既有扑面而来的浓郁的生活气息，又有耐人寻味的艺术内涵，既有生动感人的情节外观，又有启迪心扉的哲理思考。观众的欣赏水平在不断提高，观众的反应往往是公平合理的艺术参照系，是衡量节目水平的标准。

提高节目质量是一个永恒的主题。我们要抓好"三精"，即精品频道、精品栏目、精品节目。而精品节目是基础，是关键。当前精品工程建设中普遍存在的问题是创意跟不上，文化底蕴太薄。

精品的本质是创造，是创新，是有鲜明的特色。有的节目只追求形式豪华的舞台场面，只做表面文章，不求审美内涵，既无"创意"可谈，也无文化意蕴，这样的作品是吸引不了观众的。

当前我国电视界存在的主要问题是"技术崇拜"，忽视人文精神和伦理道德精神。科学和艺术的共同基础是人类的创造力。科学揭示宇宙的奥秘，艺术揭示情感的奥秘。科学重在求真求实，求认知和改造客观世界；艺术创造重在求美求情，求陶冶情操和净化心灵。两者的结合，是真和美的融合，是理智的逻辑思维与情感的、形象的审美思维的沟通。人文结构的核心是追求真、善、美。真是求知、认知，善是伦理道德结构，美是审美结构。科学敢于批判传统，艺术注重传承。但传承是逆流而上，绝非顺流而下的，新生命、新创意、新突破、新精品不会在单一传承中自然出现。创新性、独创性是精品的灵魂所在。一部精品，总是凝聚着文化之魂、时代精神、生活气息和艺术氛围的。

当前中国的电视文化忽视了对优秀的中华民族文化的挖掘和传承，忽视了从提高节目的文化含金量的角度去制作精品。电视艺术贵在出新，贵在创造。

电视文化的核心是价值观念。观念对，事业兴。电视要变单功能为多功能，要弘扬主旋律，将思想性、艺术性、观赏性相统一的电视节目奉献给人民。

第二节　新媒体对我国电视文化节目的冲击

一、新媒体对传统电视文化节目的冲击

（一）分流电视媒体受众

2010 年，《中国互联网络发展状况统计报告》显示："接近 48% 的网民认为互联网上的信息比电视内容更可信"。这反映了互联网的公信力正在悄悄地提升。随着传统电视逐渐向 Pr 等数字电视转换，面对来势汹汹的 IPTV 等新媒体，受众的分流正在进行，大约每 6 个网民里面就有一个人上网成瘾。

传统的电视媒体历经繁荣期之后开始走下坡路，仅从电视观众的层次来看，由于传统的电视媒体存在播放节目的时间固定、缺少与受众的全面互动等问题，很大一部分受众选择放弃电视，而倾向于互联网。比如，大学生人群、白领人群等，这部分高质量的受众人群获取信息的渠道已变为 IPTV 等新型媒体；而现在依然坐在电视机前面收看电视节目的则是一部分还不熟悉互联网的人群，这部分人群多是家庭妇女、退休老人等，这部分人群具有知识水平低、年龄大的特点。互联网能够给电视媒体提供原创的、丰富多彩的节目内容，同时又不可否认地占据了其很大一部分年轻的读者资源、广告资源及其他相关的资源。传统电视媒体的大部分内容已经被众多的视频网站转播，即便是传统电视媒体最引以为豪的电视剧，也正在被 IPTV 等新兴的互联网媒体所侵蚀。

（二）传统电视媒体舆论引导力被瓦解

众所周知，传统的电视媒体被称为政府的"喉舌"，传统电视由于一直拥有权威的独家信息发布权，得以在过去的舆论引导中一直占据主导地位。随着以互联网为背景的各类新媒体的高速发展，这一舆论格局也正在发生改变。新兴的媒体打破了传统电视媒体在舆论引导和宣传方面的专属权，新媒体在某种

程度上逐渐"解构"了传统电视媒体的权威引导力。随着以互联网为重要载体的 IPTV、视频网站、微博、手机电视等的快速发展，越来越多的年轻用户开始离开传统电视媒体。一般情况下，传播影响力决定引导力，传统电视已抓不住年轻一代的潜力受众，对他们的舆论引导力也就无从谈起。在我国国内，传统电视的用户群体已然发生了重大的变化。

（三）蚕食广告份额

在这场传统电视媒体和以 IPTV 为代表的互联网新媒体的激烈博弈中，媒体广告经营格局也正在发生改变，传统电视媒体的电视广告遭到新媒体的经济分流。越来越多的广告商放弃电视、选择互联网的原因是互联网具有强大的传播能力、极快的传播速度、多样的表现形式。经过多年发展，互联网广告可以实现精准投放，具有良好的互动性，这些都是传统的电视广告所无法比拟的。

（四）消解把关人地位

"把关人"一词是美国传播学先驱库尔特·卢因 1947 年在他的《群体生活的渠道》一书中提出来的。在书中，他描述了这样一个过程：一则消息，在传送的过程中，须在某些"检查点"获取通行许可。卢因将这里的检查点称为"门"，而把那些发放通行许可证的人或组织，称为"把关人"。

在任何一种制度下，大众传播都要受到各个方面的干预。信息在传播过程中通常要经历来自传播机构内部和外部的各种权力机构和个人的"干预""控制""过滤"，这是控制分析理论常要讨论的问题。电视从业人员具有双重身份，其一是作为传播者，其二是作为审查者。作为传播者他决定着如何去搜集信息，如何将信息传递给观众；而作为审查者，他决定着给观众看什么，不给观众看什么。其人员包括电视新闻节目的新闻记者、编辑，电视娱乐节目的主持人、导播，电视剧的编剧、导演、演员和制片人等。这样就产生了一个新的课题，即电视的"把关人"。

自媒体对传统意义上的信息传播者与受传者的界限进行模糊化了，在根本上颠覆了传统媒体模式中信息传播的一对多性，也彻底消除了"把关人"的角色概念。对于大众媒体来说，其信息的把关过程具有一定的复杂性，参与把关工作的不仅包括记者同时还包括编辑，把关的结果也会受到传媒组织立场和方针的左右。而自媒体与之不同，其把关的活动在实际操作中十分困难。一方面，把关人对于自媒体平台中言论的控制很难实现；另一方面，自媒体平台中人人

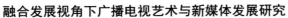

都可以作为把关人，由于自媒体的传播具有高度的参与性，大家具有绝对的言论自由，在获取信息时往往会发表自身的评论和见解，这就与传统意义上的把关活动相反，不能很好地实现言论的统一。由此可以看出，在自媒体时代，传统媒体意义上的"把关人"概念所发挥的效用被消解了。

（五）动摇了传统电视的地位

以互联网为载体的新媒体拥有传统电视媒体无可比拟的及时性和迅捷性，这些新媒体在突发事件中具有传统电视媒体所无法匹敌的优势。以 IPTV、手机电视、视频网站、微博等新媒体为代表，它们对突发事件的报道速度以及它们的动员能力令世界瞩目。

新媒体动摇了传统电视的地位，逐渐与传统电视形成分庭抗礼之势。

如果传统电视媒体不能够在突发事件报道中实现本质的突破，就很难避免报道的失败与尴尬。

二、新媒体对传统电视文化节目的影响

（一）传统电视文化节目存在的问题

1. 数量虽多但相似度高

在我国文化类电视节目中，央视的《百家讲坛》是标杆，从 2001 年开播至今，在业内具有极高的借鉴和参考价值。也正是从《百家讲坛》这一文化类电视节目出现之后，"文化节目"开始频繁涌动，"传统文化"成为一个重要的"名片"，如央视陆续推出的《中国成语大会》《中国汉字听写大会》《中国诗词大会》等，与《百家讲坛》的不同之处在于，它们摆脱了单一的说教模式，引入"体育竞技"理念，从而营造扣人心弦的节目效果。

此外，以"情感""情怀"为要素的文化类电视节目也频频涌现，如《朗读者》《一封家书》《传承者》等，在央视引领、各家卫视跟进的发展态势下，已经开播并取得较好收视率的文化类电视节目至今已有几十个，文化类电视节目的发展呈现出空前繁荣的局面。

但在这繁荣现象的背后，也存在一些问题，大部分节目存在相似度极高的现象，缺少特殊性，比如《中国成语大会》与《中国汉字听写大会》，《朗读者》与《一封家书》。

2. 效应轰动强但品牌度弱

从当前典型的文化类节目设计来看，可以更清晰地看出它们存在创新不足的问题。包括央视、地方卫视在内的文化类电视节目，往往在寻求一个切入点之后，不断地挖掘周边相关内容，尽管在前期产生了强大的轰动效应，但从长远来看是难以为继的。

由于市场经济环境下的投资主体具有多元性特征，电视节目并非由电视台独立完成，如《中国成语大会》的主办者是央视，但承办者是"实力文化公司"，《朗读者》的合作单位是"天择传媒"。从资本运作角度来看，这种合作并无不妥，但投资者的最终目的是获取利益，在这个过程中很容易产生过度消费品牌的现象，而这些现象最终会导致好不容易树立起来的 IP 在短时间内失去吸引力。比较有代表性的案例是《舌尖上的中国》这一档美食文化类节目，虽然一二季受到观众的热捧，但第三季反响平平，受众给出了较低的评价。所以从总体而言，作为文化类电视节目，不能只看眼前利益，要站在长远发展的角度，扎稳根基，最终实现社会效益与经济效益的统一。

（二）新媒体给传统电视文化节目带来的变化

1. 传媒环境的变化

近年来，在新媒体环境下，互联网文化基因逐渐与传统电视媒体基因"融合"，这是文化类电视节目嬗变的主要原因。

所谓新媒体，从本质上来看，它是互联网技术的优势性在媒体领域的体现，它改变了媒体的存在形态、传播模式以及受众的习惯。

当前，我国已经进入了智能手机时代，移动互联网的快速发展使得人们可以不受限制地在任何时间、任何地点收看自己喜欢的电视节目，由此也无意中拓展了文化类电视节目的需求边际——从传统媒体时代"以电视为中心"的理念，转变为"以用户为中心"的营销理念。电视节目制作方不得不通过调查市场，挖掘受众对文化类节目的需求，由此来推动电视节目的创新。

2. 观众需求的变化

显而易见，在互联网文化泛滥的社会环境中，人们的价值观呈现出多元化的特点，主流文化的存在感不断被消解，进而导致以主流文化为基础的文化类电视节目也失去了很大的市场。虽然这种现象对文化类电视节目产生了很大的冲击，但是在另一方面，对电视节目来说无疑也是一种改变机遇，也就是说电视观众对于文化类电视节目的需求将会是日渐强烈的。随着国民经济的发展，人们的受教育程度普遍提高、文化素质也不断提升，以往浅显的、说教式的文化类节目，已不符合现代人的口味。新媒体的冲击，正好促使文化类电视节目进行创新。同时，在新媒体环境下诞生的新语境，更倾向于轻松、幽默、戏说的方式，整体上倾向于人文性，强调心理共鸣和境界感悟。比如《中国诗词大会》《朗读者》《一封家书》等文化类节目的成功，表明"情怀"是一个重要的需求因素。给予充分满足是节目设计的重要工作内容。

（三）新媒体影响下电视文化节目的特点

在传统传媒时代，由于知识资源供需不平衡，文化类电视节目为了提高传输效率，往往侧重于"说教"，受众体验较差。进入新媒体时代以后，信息获取途径增加、学习成本降低，人们不再依赖电视媒体这一单一的信息获取途径，从而导致电视节目的发展呈江河日下的态势。为了应对这一挑战，文化类电视节目由此做出彻底变革，从枯燥的理性模式，转为丰富的感性模式。

三、新媒体环境下电视文化节目面临的挑战

（一）技术方面的挑战

新媒体包括网络媒体、移动媒体等。随着数字技术、网络技术的成熟，新媒体已成为传媒体系中重要的组成部分。目前，从对市场的分析来看，新媒体产值增长迅速。其中，移动媒体、网络媒体增长最快，IPTV、手机电视、数字电视进入快速发展期。新媒体技术的发展是以数字技术的发展为基础的。数字技术的充分应用，使得手机、数字电视、个人电脑等设备终端的全面联网使用成为现实，所以说没有数字化就没有非线性传播方式全面取代以往的线性传播方式的技术支撑，这也是人们常将新媒体称为数字新媒体的原因。

传统的广播电视作为单一主流媒体的时代早已终结，面对新媒体技术的冲击，电视行业正经历着一场无法逃避的变革和更新，这场革新应如何进行，让电视文化节目走向更好的发展，是新媒体给传统电视文化节目带来的技术方面的挑战。

（二）内容方面的挑战

随着互联网的发展，人们对传统媒体单一落后的信息传播模式提出不满，新的媒体形式由此产生。

移动端的使用让每个人都可以成为一线记者，通过自己所见即所得的方式，将获取的新闻通过互联网进行传播，而这些信息的形式可以是图片、视频，也可以是文字描述。信息在社交网站上传播的过程中，可以被好友浏览发现，好友在对信息进行分享、评论、修改以及转载的过程中该信息得到了二次传播。朋友圈的进一步扩散和传播，使得最初的信息以几何裂变方式进行爆炸式传播和扩散，这种传播方式促使自媒体这一概念诞生。

自媒体打破了传统媒体的信息垄断，实现了普通受众的媒体接近权。这一权利的行使，让每个公民以及每个社会群体都有相关的知情权和传播权，自媒体得到了广泛的接受，成为整个社会的主流传播媒体。自媒体的形式不同于传统的媒体，更多提倡全民的参与，具有双向性、自主性、多元性、平等性和参与性，这种传播的形式是实现民主参与的重要实践和保障。

从自媒体传播特点来看，它是一个公众参与的平台，人人都有发表言论的权利，在信息传播中其数量可以多到无法统计的地步。自媒体形式中较为常见的形式多为微博、微信等相关社交网站等，这些社交网站在对信息的传播中往往通过简短的字数形成对信息的描述，其突出特点就是"短、频、快"，字数的限制使得对信息内容无法进行充分描述，在信息的传播中更新速度很快，使得受众不能及时获取相关的信息，对于获取的信息缺乏深入的思考和讨论，只能通过转载人的思想来认同。由此看来，这样的信息缺乏一定的约束性和规范性，会给受众选择信息带来困难，甚至会造成对信息的恶意撰写和传播，在一定程度上影响了社会风气。

面对新媒体的海量信息和多样的传播形式，传统电视文化节目怎样才能更加吸引受众眼球，什么样的节目内容才能把受众从新媒体拉回到电视机前，这是我国电视工作者极需思考的。

第三节　新媒体环境下电视文化节目的传播

一、电视文化节目传播的内容和要素

电视文化节目无论是在数量上还是在形式上都在不断发展变化，受众也对喜爱的节目给予肯定。总的来说，电视文化节目的传播虽然较以往的电视节目有了一定的进步和改善，但仍存在一定的弊端和不足。因此，深入研究该类节目的传播系统，有利于节目更好地发挥价值，实现经济利益和社会效益的双赢。

（一）实力雄厚的创作团队是节目可看性的首要保证

《中国汉字听写大会》《中国成语大会》的制作团队——实力传媒，是一家从事各种类型电视节目制作的专业机构，也是目前国内最活跃的多形态电视节目制作团队之一。凭借丰富的多形态电视节目的实践积累以及超强的策划、制作执行能力，实力传媒的创新作品不断赢得同行赞誉，成为极少数的为中央电视台制作直播节目的公司，是目前国内唯一凭借自主知识产权获得一流社会影响、一流收视率成果的公司化团队。

导演关正文是著名电视节目制作人，1985年进入中国作家协会，1995年开始进入电视领域，先后担任多部纪录片导演、总导演和制作人，导演、制作了多台大型电视文艺晚会和众多特别节目，是中国电视界活跃的策划人、导演和制作人之一，现有多个原创电视形态著作版权登记作品。

《汉字英雄》《成语英雄》是由执行过多档知名节目的制作团队精心打造的，专业的制作经验和新颖的节目制作理念保证了节目的可看性。网络媒体爱奇艺和电视媒体的共同合作，开启了网台联动的新模式，将网络视频用户和电视观众包揽其内，带来一场别具一格的文化盛宴。

这些实力雄厚的制作团体保证了节目的制作质量和水平，也是节目可看性的重要筹码，电视文化节目对于制作团队的要求比其他类型的节目要更高，电视文化节目在文化传承方面起着举足轻重的作用，必须认真起到把关人的作用，因为它掌握着我国传统文化的方向标，责任重大不容忽视。

（二）新颖独特的传播内容是节目吸引人的关键要素

电视节目的传播内容决定了它的收视群体类型，而内容是否新颖独特决定了节目的收视率。要想保证收视率，就必须在节目内容上下功夫。对于这类以发扬传统文化为主旨的电视节目，内容的筛选对于传播效果至关重要。

《中国汉字听写大会》节目组专门分配了 4 名工作人员负责搜集考试内容，内容主要来自《辞典》和《字典》，还有《红楼梦》等大量名著，考试用词包罗万象，涉及天文地理、方言术语、生僻名称等。搜集完成后，将题目根据难易程度进行等级区分，以保证比赛的科学性和严谨性。在第一届《中国汉字听写大会》播出后，有观众反馈节目中的部分题目太难，出现的偏题、偏字太多，这些字没有太大的使用价值，与自身关联性不强。但节目组认为，选手的汉字书写能力很强，如果不出些难度系数较高的题目，区分度不明显，也就不能产生淘汰竞赛的矛盾张力，没法完成比赛。

《中国成语大会》节目组对于成语类型、数量、内容等方面进行了分析，成语一般来源于民间口语、外来语、古代神话、文学经典、历史故事。成语在不同层次、不同文化水平的人群中使用的现状不同，因此选择的范围比较广泛。《最爱是中华》的题目内容不仅有传统的国学文化，还涵盖了美食文化、民俗文化等传统文化元素，使整个节目的题目内容更加丰满，结构更加清晰。《中国诗词大会》的创作组在诗词题目的甄选上注重"普及性和专业性并重"，邀请诗词领域的专家学者历时近一年组建诗词题库。入选节目的所有诗词题目几乎全部出自中小学课本，涵盖豪放、婉约、田园、边塞、咏物、咏怀、咏史等各个类别，聚焦忠孝、仁义、爱国等中华优秀传统文化主题。

（三）充分调动的传播媒介是吸引受众的重要方式

在如今的"遥控器时代"，电视观众调换节目的频率逐渐加快，面对注意力成为紧缺资源的现状，如何让电视节目能够吸引观众的注意力是关键问题。《中国谜语大会》节目的创作初衷就希望将节目打造成"全民参与"的平台，拉动观众的参与热情。

为了让更多的电视观众参与到节目中来，节目组进一步扩展传播载体，电视、移动媒体（手机）、个人电脑等多个平台终端之间可以灵活互动。在节目播出时，观众和网友可通过扫描电视屏幕下方的二维码或下载"央视影音"客户端与选手同步猜谜，赢取大奖；也可登录节目官网或关注"央视网""中国网络电视台""央视影音""央视科教"、微博、微信、节目官方微博等参与互动。第三季节目播出期间，观众和新媒体同步实时互动近 1.7 亿人次，单场参与量均超过《中国谜语大会》（第二季）三场全部互动参与量的总和。

中央民族大学历史文化学院副教授蒙曼认为，《中国谜语大会》是大屏（电视）拉小屏（手机），小屏（手机）拉观众，观众看大屏（电视）。大屏解决了节目的观赏性问题，小屏则解决了节目的参与性和互动性问题。将网络媒体技术与节目创意策划从源头上实现融合，二者成为一个完整的个体，网络技术人员不再被动地工作，而是在充分理解电视节目制作理念的基础上，使技术更好地为节目服务，不是单纯地配合节目需要，而是可以让节目锦上添花。

二、新媒体技术的基本特点

（一）大容量化

新媒体技术使信息在存储方式上有了很强的优势。传统的信息存储都是以纸张和书籍为载体的，这样的存储不仅容量有限，空间占有率很高，而且纸张和书籍的维护工作难度很大，造成信息存储成本很高，存储数量却不多的局面。而以数字技术为基础的新媒体，存储空间是无限的，成本也相对较低。新媒体整合多种信息元素，包含了最大信息量的数字化信息。互联网实现了信息传播容量上的无限扩充性，人们可以通过互联网进行大容量的信息传播。新媒体使传播从传统的点对多点演变为多点对多点，跨越了国家、社群、行业的边界，使传播的渗透能力空前强大。

（二）快捷化

新媒体传播的快捷性使信息的传播效率达到最优化。将光缆作为网络传输构架的底线，信息转化成光电信号以光速进行传播。这样不但可以实现信息的即时上传和即时接收，而且加快了信息异地的交流速度，打破了时间和空间的界限，使信息接收者能够及时地更新信息的内容，了解信息的最新发展动态，发表自己的相关意见。新媒体传播的快捷性，有助于信息在全世界范围内快速传递，避免局部地区的闭塞而导致信息重复浪费，实现真正意义上的全球信息共享。

（三）复合化

与传统媒体相比，新媒体在传播内容方面更为丰富，文字、图像、声音等多媒体化成为一种趋势。跨越了传统媒体（电视、广播、报纸）之间的媒介边界，融合多种媒体元素于一身。与此同时，交融性还表现在终端方面，一部手机不仅可以用来通话、发短信，同时还可以用来听广播、看电视、上网，多种媒体的功能集合为一身，而这些功能的实现是以互联网、通信网、广播电视网等多种网络的融合为基础的。另外，新媒体也打破了地域化、国界化，正如阳光文化集团首席执行官吴征所说："相对于旧媒体，新媒体的第一个特点是它的消解力量——消解传统媒体（电视、广播、报纸）之间的边界，消解国家与国家之间、社群之间、产业之间的边界，消解信息发送者与接收者之间的边界等。"

（四）互动化

信息交流的交互性是新媒体技术区别于传统媒介的独有特色。信息在传播中不仅是单向发布和传播，同时还可以反馈和逆向交流，增加了传播的个性化和互动性，提高了传播的效率。新媒体使信息可以同时送达数人的手中，而每个信息的参与者，不论是发布者、传播者，还是接受者，都对内容拥有相互的控制。这样使得新媒体传播集成了各类信息交流系统，信息的接收者不但能及时地向信息发布者反馈自己的见解和意见，而且可以跟系统内的信息使用者进行讨论和交流，达到信息的双向交流和交互使用，使信息接收者可以自由地选择信息交流的时间、内容和方式。

三、新媒体技术的应用

当今，随着我国科学技术的不断进步，新媒体包括移动互联网电视、微博和微信等平台越来越受大众追捧。因此，研究新媒体技术在电视文化节目中的应用是当前技术发展的大势所趋，要做好新媒体技术在电视文化节目中的应用，应从以下几方面入手。

（一）利用新媒体提升节目选题质量

电视节目的质量在很大程度上取决于节目选题的质量。在节目制作的前期，相关制作单位可以借助新媒体，征求选题的内容，结合当前互联网上人民群众关心的热点问题，发起相关的讨论，提升电视文化节目的选题质量。这样进行

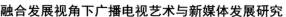

选题，一方面能够吸引受众，另一方面也有利于后期进行针对性制作和宣传。一旦选题能够充分体现新媒体的优势，那么电视文化节目的收视率和人民认可程度就都得到了保障。

（二）利用新媒体技术提升观众互动程度

新媒体技术能够保障对于电视文化节目话题的讨论程度，观众能够通过微信后台、微博话题等方式参与到节目互动当中，这些互动也通过节目主持人的形式表达出来，这样能够提升观众的参与程度和存在感，能够提升电视文化节目的活力。

（三）新媒体技术对于传播渠道的扩展

新媒体技术的优势还体现在对于电视文化节目传播渠道的扩展当中。新媒体技术能够推动电视文化节目的二次传播，也就是如果观众由于各种情况没能通过电视直播收看到节目，也能够通过互联网在手机或者网络电视上收看到电视文化节目，甚至可以进行反复重播，提升了便捷程度，更加有利于电视节目的广泛传播。新媒体更加注重个性化的表达方式，节目的内容、形式、语言都是新媒体时代下资源发展的关键所在，同时，信息资源的充分利用、增值服务项目的扩大和效益最大化也是传媒产业所追求的目标。

（四）新媒体技术对于文化本质的回归

电视文化类节目本质应回归文化。否则，再华丽的舞台，再绚丽的包装，也会因为没有内容，缺乏营养而被观众抛弃。在电视文化节目的运作上河南卫视的《梨园春》《武林风》《知根知底》《华豫之门》都可圈可点。河南是戏曲之乡，曲种剧种多。豫剧在国内和海外华侨中拥有广泛的观众听众，演出院团众多，越调、曲剧、四平调等也深受大众欢迎。《梨园春》为日渐没落的戏曲，搭建了一个广阔的舞台，节目走出了河南，走出了国门，为抢救民族戏曲文化遗产，为河南乃至全国戏曲的复苏繁荣做出了突出贡献。天下功夫出少林。依托河南丰富的人才资源创办的竞技类文化栏目《武林风》以其广泛的参与性和新颖的包装风靡全球，成为展示河南文化的一张名片。中华民族有源可考的姓氏中，三分之一起源于河南，河南拥有深厚的姓氏文化积淀，《知根知底》以文化为内核，以知识、趣味、娱乐、时尚为构成元素，在轻松娱乐的节目形态中，解读姓氏起源、家族文化及名人故事。《华豫之门》依托河南丰厚的历史文化资源，以鉴宝活动为主线，对藏品进行故事化和情感化的延展，实现厚重文化的轻松解读。同时为收藏爱好者提供了一个交流、学习的平台，为普通百姓开启了一个感受古代文明的窗口。

四、国内外先进新媒体技术带来的优势

（一）虚拟演播厅

虚拟演播厅是时下电视节目中运用最多的数字技术之一，分有轨和无轨，还有虚拟音箱。有轨虚拟使用光学或机械传感跟踪设备，通过系统主机对摄像机的运动数据进行运算和分析，使摄像机在棚内进行相同轨道的移动，虚拟摄像机也根据真实运动数据在 3D 场景中实现景深和景别的真实变化。没有轨道的虚拟演播室技术在无传感器设备环境下，采用模拟定位技术来呈现 3D 场景内的、虚拟摄像机的运动与棚内真实摄像画面融合的技术。技术人员在操作虚拟摄像机的同时，还可控制每个机位之间的迅速切换。虚拟蓝箱是做虚拟抠像用的，提供纯正的影视抠像背景色。虚拟蓝箱是一个无直角，全部由平滑的弧形部分组成的开放式空间，像一个蓝色的箱子，是电视节目虚拟演播室的重要组成部分，出镜人员或者物体在蓝箱中进行拍摄，后期通过色键抠像技术软件，将纯色的蓝色背景从视频中抠除，只剩下拍摄的人或物体，从而达到将人或者物体添加到任意自定义的三维场景里面，实现虚拟演播室的数字包装效果。

虚拟演播厅的运用，有效地节约了电视节目的资源，不再是一个影棚只能摄录一个电视节目，虚拟演播厅的使用也增强了单一新闻类电视节目的趣味性与可看性，虚拟演播厅的数字化趣味包装，让观众耳目一新，能够吸引更多年龄层的观众。在节目运行多年需要进行风格转变时，只需通过后期改变虚拟演播厅的样式顺应改变后的节目的风格即可，有效地节约了成本和工作人员的时间。

（二）网络传输技术

电视节目的传输与播送网络主要运用以太网和 ATM 网。在真实运行中，将以太网和 ATM 网组成一个混合的网络用作传播、储存渠道。通过以服务器为根基的 ATM 网进行后期传输及播出，运用以 PC 机为平台的以太网后台综合管理文稿。两个网用浏览服务器连接，媒体服务器将一个高品质 3∶1 的

JPEG 压缩影像传送给接收服务器，在接收服务器内部，视频在高倍压缩后以 MPEG 格式传送给连接以太网的 PC 机，供编导、后期编辑以及配音员审稿。包装机房、剪辑机房、播出机房是电视台后期制作的重要部门，其中的技术运用十分严谨，也采用网络化技术，使每个部门都能有效地沟通，实现所有素材、资料的共享，加快工作流程的进度，减短工作周期，减少不必要的重复劳动，提高工作效率。在后期信息检索技术中，同样运用网络技术，可方便阅览本地工作站的所有资料，查找相应内容，并直接调出运用。

（三）数字视频编辑技术

数字视频编辑技术指的就是非线性编辑软件。一般视频采集和初剪的非编软件有 Adobe Premiere、Edius、Vegas、Final Cul 等。普遍运用的软件是 Adobe Premiere，这是一款对采集后的数字视频进行后期编辑剪辑加工的软件，界面简洁、操作方便。软件用于后期剪辑与简单的文字特技添加，主要用于视、音频的剪辑，视频重新排列、各类素材的添加等。对视频进行进一步的数字化包装则用图形、图像设计软件和动画制作软件，从而对电视节目进行生动的动画创造，对电视节目的细节处进行再次包装。常用的软件有 AE、Photoshop、Maya、3D MAX 等。在音频的创作剪辑上，常用到如 Sound Forge、Cool edit 等软件来创作乐曲、自然声等音响效果。电视节目后期剪辑包装完成后，通过计算机输出接口播放到视频显示设备上，进行最后审阅，审阅完成后正式播出。数字化包装能够客观地重现新闻内容，并与在线直播制作软件巧妙融合，增加了电视新闻的趣味性与客观真实性，使新闻类电视节目不仅只是图文，还在图文的基础上加上个性化的包装全面解析新闻内容，吸引观众。对于生硬难懂的新闻，后期剪辑师会通过个性化的数字剪辑软件，将生硬的新闻内容编辑成通俗易懂、趣味十足的视频内容，让观众充分了解新闻内容，接受新闻信息。

五、电视文化节目的现代传播方式

（一）注重栏目品牌的塑造

对于品牌的定义有很多种解释，有人认为品牌是一种商标、一种牌子、一种格调或者一种影响，也有人认为品牌既不是所有者的主观判断，也不是品牌所有者的凭空想象，认为品牌是一种建立在产品和消费者之间的无形资产。

延伸到电视栏目品牌，一些学者把它概括为"有着宽泛的受众的忠诚度和购买力的电视栏目"。电视品牌是受众在长期的电视资源消费过程中形成的定位和认知。通过塑造优秀的电视节目的品牌形象，可以提高信息在观众心目中的价值，以提高电视节目被选择的概率，也即提高节目的收视率。电视文化节目必须有自己的核心价值，即品牌的个性，它是区别于其他节目的本质属性。电视媒介品牌必须有其独一无二的个性，这样才能在当前媒介产品同质化极其严重的市场中站稳脚跟。

优秀的电视媒介品牌要以高品质的内容为立足点，电视文化节目以传承华夏文明为己任。每档栏目有着各自固定的收视群体，汉字或成语节目对于青少年和教师群体吸引力更大一些，而一些诗词爱好者或者古代诗词文化研究者对诗词类节目情有独钟。节目需要对受众准确定位，在一定限度内尽可能满足受众的需求，并不断更新理念。

根据电视文化节目的特点，打造品牌可以从以下两个方面去进行。首先，根据传统文化内涵丰富、形式多样的特点，不断细分节目方向，将节目做精。五千年的华夏文明是唯一没有间断而延续至今的古老文明，在这悠久的积淀中，我们如今可以传承和发扬的不是只有汉字文化、诗词文化，还有饮食文化、艺术文化、服饰文化以及民俗文化等，这些文化形式在今后的节目中都可以被挖掘、传播。所以，不应只局限于几种文化元素，应该让受众看到文化的包容性和丰富性。其次，在媒介融合背景下，应该充分利用各种媒介平台。由于不同的媒介有着不同的媒介性质，应该针对不同的平台，制定不同的传播方式。例如，可以将节目的视频投放在电视平台和互联网平台；加强节目与平面媒体的合作力度；可以根据移动媒体移动方便、使用频率高等特点，开发节目的同名小游戏或者客户端，增强互动性。

（二）立体化传播

传播作为动词，在普通的词汇中使用已久，和传播意义相近的词还有交流、沟通等。在研究过程中给传播下定义主要包括两个方面。一是概括性与约束性相对应的传播。例如，传播被概括为"把生命世界不相连的部分联系起来的过程"。传播又被约束性地定义为，"通过电话、电报、无线电等手段传送信息、命令等的手段"。二是有目的的传播，即"信息提供者为了实现影响信息接收者行为的意图，向接收者传输信息"。

党中央国务院高度重视"三网融合"的推进工作，即电信网、互联网和广播电视网三网的融合。电视节目要想使传播效果最优化，就必须跨媒体传播，单纯地依靠电视媒体，力量还有些薄弱，应该将与之相关的所有媒体资源进行整合传播，这样才能达到最好的效果。电视媒体要想在当前的竞争环境下占有一席之地，就要深入了解手机、互联网以及其他新媒体的特点和优势，然后再将其进行整合传播。这种传播方式将广播电视网和电信网进行融合，突破了原有网络的局限性。

《中国汉字听写大会》和《汉字英雄》将电视媒体和互联网、手机等新媒体融合在一起，形成了"同步观看，实时互动"的新的收视特点，使汉字推广的渠道更加多样，各种媒体之间互补共赢，提高了节目的影响力。电视节目在网络中升温，网络的互动又反射出更广泛的影响力，吸引了更多的受众，如此反复，达到了"1＋1＞2"的效果。

《中华好故事》第二季也实现台网联合推广，播出时线上线下双向驱动，衍生出更多传统电视和新媒体的新玩法，同时激发了观众收看节目和与节目互动的兴趣。

第三季《中国谜语大会》收看节目的人数与互动记录不断被刷新，成为备受欢迎的全面猜谜平台。第一期比赛，科教频道收视率0.36%，较同时段增长13%，共有339万人次参与同步猜谜，7945万人次参与抢红包，5.1万个家庭通过手机和网络上传全家福照片。第二期比赛，收视率0.41%，较同时段增长28%，猜谜506万人次，抢红包8091万次，6万个家庭上传全家福照片。

随着科学技术的不断发展，电视媒体技术的发展也是突飞猛进。新媒介的种类不断增多，从之前单纯的以电视媒体为主的收视条件，发展到多种媒体并存的态势。传统大众媒体、移动网络多媒体和新兴网络媒体的不断发展和完善，使大众更容易获得信息，对于媒介的选择也有更大的余地。电视文化节目的立体化传播，可以更好地发挥节目的社会作用，促进传统文化的传承。

六、数字媒体技术在我国电视文化节目中的优点

（一）信息量增大

以往在电视文化节目中，信息量的大小取决于传达者一方，但是如今观众有选择地收看电视文化节目，主动获取他们想要的信息。由于各地方频道不断

增多，社会上发生的新闻事件会同时吸引多家电视台争相报道，也就形成了多家电视台同一时间报道相同事件的现象。观众看到的都是相类似的报道，不仅浪费了电视台宝贵的人力物力资源，同时造成了观众的接受疲劳和对播出平台的失望心理。

电视新闻的信息只有被观众理解和消化之后，才能达到其最终的传播目的，否则信息量再大也毫无意义，电视剧也面临着同样的情况。面对多家媒体的竞争，如今的电视人已不再像以往那样收集信息，他们更倾向于新媒体采集与传统采集方式的双向结合，由于新媒体有着覆盖面广的优势，采集方式更加迅速，保证了极强的时效性。同时，新媒体以其无阶层无门槛的低姿态，成为百姓喜爱并乐于在上面第一时间发布自己的所见所闻所感并与认识的不认识的新媒体小伙伴交流互动的平台。

（二）数字媒体技术的支持扩散了电视思维

数字媒体技术突破了传统电视的想象，以前人们敢想做不了，甚至于不敢想的东西，如今都依靠数字媒体技术鲜活地展现在眼前。电视节目起初播送形式简单并且单调，播送内容单一并且滞后。人类不断发展，数字媒体技术也相继发展，数字媒体技术一开始并没有广泛用在小荧幕电视上，更多的则是运用在电影大屏幕上，华丽的特效使科幻小说里的情节完整真实地呈现在观众眼前，原始的恐龙、几百年后荒废的地球，所有人类能想到的画面通过数字媒体技术都可以实现。电视人在看到数字媒体技术在电影方面的巨大成就后，慢慢将目光聚焦在数字媒体技术上，进行了新时期的电视革命。

电视节目中运用的数字媒体技术主要包括数字化包装、互联网传输技术、互动电视网技术、移动数字广播电视网等。数字化包装与在线直播制作软件巧妙融合，增强了电视节目内容的趣味性与客观真实性，使当代电视节目不仅只有图文，在有些内容不能及时采访或者没有视频信息时通过3D动画真实呈现，还原现场。互动电视网技术充分利用了互联网资源，让电视不再单一地是电视，还可以是影院、KTV、娱乐资讯平台等提供多种互动服务的网络平台。移动数字广播电视网是广播电视媒体的扩展与延伸，采用了多种移动广播系统，如数字音频广播系统、移动多媒体广播系统、中国移动多媒体广播系统、地面数字电视广播系统等。多种系统的出现使观众接受新闻的渠道不再单一，多渠道的竞争形势也让每个电视节目更具挑战性，使电视节目的质量更高，电视人对电视节目的内容要求也变得更高。

（三）扩大了受众群体的范围

电视节目通过数字媒体技术手段，实现了屏幕内与屏幕外的信息交流与情感沟通。现在的电视节目都十分在意场外观众的情绪，真正地让观众参与到节目中来。由于电视节目的严肃性、播出时段多等特点，很少有观众能够真正来到摄影棚参加录制，能直接给电视人真实且时效性强的反馈。作为电视策划人自然很重视观众的这种互动性，通过这种互动可以了解观众喜欢什么，从而投其所好策划节目。在新媒体盛行的媒介时代，大众随时随地都能通过各种媒介平台接收信息，这给传统电视媒体造成了压力。在数字媒体技术的融入下，电视节目可以借助新媒体的"微信摇一摇"与观众进行互动，依据不同年龄层的特点吸引不同层次的观众。

调查研究显示，观看电视的人群文化层次普遍不及网络新媒体的普通用户高，且年龄比较大，这也限制了很多电视节目的题材选定，限制了节目的受众范围，使节目在播送一段时间后进入瓶颈期。通过数字媒体技术的拓宽，传统电视节目在原有板块的基础上加设了新媒体与观众互动的板块，通过数字化包装在节目形式上吸引固定观众，以新媒体聊天话题吸引年轻观众群体，以此带动节目的进展，扩大节目的受众范围，将不同社会特征及不同价值观的观众带入到节目中来，增强了节目的趣味性，也大大拓宽了节目的受众范围，确保了节目内容的有效传达，也延长了节目的寿命。

七、电视文化节目内容质量的提升

（一）电视事件是频道品牌塑造的催化剂

目前，电视媒体的经营者逐渐开始重视频道的品牌塑造，策划出一档成功的电视事件型节目，可以确立自身的话语主导权和社会舆论的引导权，实现社会效益和经济效益双赢的目标。但是近年来，个别电视节目趋向同质化。例如，浙江卫视推出《我爱记歌词》之后，很快就出现了诸如《挑战麦克风》《谁敢来唱歌》等相似度极高的一系列节目。还有，在成功推出了《中国好声音》后，又马上引来了《中国好歌曲》。在这个重视频道品牌塑造的时代，各大主流电视媒体越来越重视提升节目质量，没有好的内容就难以留住受众，难以留住受众就会直接影响广告收入。因此，电视媒体开始将"卖活动"作为未来电视节目的发展趋势，这是一个不错的盈利模式，可以提升节目自身的知名度和影响力，还可以拓宽经营创收渠道。

（二）电视事件可以增强频道与观众的互动性

电视事件，以特定主题活动为平台，集互动、参与、营销于一体，核心就是让受众参与到电视节目中，激发受众对电视节目的品牌认同感，以引起轰动效应。毋庸置疑，进入信息时代以后，于电视节目而言，最有价值的是受众的注意力，随着信息传播渠道日益多元化，想要获得电视受众的注意力仅依靠单纯的电视节目播出变得十分困难。电视机实为一种低清晰度的冷媒介，相比主流的新兴媒体，提供的信息较少，因而就更加需要受众的积极参与。

2015 年 9 月，在第二届《中国成语大会》开机仪式上，导演关正文在巨龙腾飞的画卷上盖上了带有成语大会标志的印章，并为开机揭幕。节目组选择在具有深厚成语文化的邯郸录制节目，一方面可以使节目的文化感更浓厚；另一方面，也会给当地人带去更多的文化，同时还可以提高节目的关注度。这是一次将传播成语文化和推广城市品牌完美结合的实践，二者相互借力实现双赢。通过这样的活动营销，《中国成语大会》走进高校，走进邯郸，与学生和老百姓拉近了距离，进一步提高了节目的影响力，也为节目的推广宣传节约了成本。除此之外，还激发了人们学习成语、传播成语的热情，很好地担当起宣传媒体文化的重任。

作为常态化日播或周播的节目，很容易让观众产生疲倦感，久而久之就会失去参与的兴趣。因此，受众与一档电视节目的互动程度，是判断电视活动营销成功与否的重要标准，一旦缺乏受众的参与就会直接影响到电视节目的被关注度。互动程度越高，电视事件营销对受众的关注度的影响就越大，可见，一档策划成功的电视事件型节目对推动电视实现品牌传播具有重要意义。

（三）电视事件可以提升节目美誉度

经研究发现，越来越多电视媒体的经营者开始重视电视事件的开展及品牌塑造，但经营者需要注意的是，在吸引受众注意力的同时，也要更好地承担媒体的社会责任。传统电视媒体若想要成功地策划并运作一档有影响力的电视事件，最关键是要整合各种资源，大力营销自己，打造自身的品牌形象。

第二届的《中国汉字听写大会》发起了"全民焐热冰封汉字行动"，这是与节目相辅相成的一个活动，每周都会精选出一个在节目中出现过的"冰封词汇"。例如，浙江选手计雨彤在节目中完成的"葳蕤"，对于这个词汇，成人听写体验团的正确书写率仅为6%，成为第一个需要被焐热的词汇。借助搜狗输入法提供的大数据平台，自动采集出该词被拼写、使用、转发的次数，每50万次即可增加一度，以人的体温36°为标准，生字达到这个温度就算从古籍中活过来了。每一期节目都会公布词汇的升温结果。全国多家媒体和个人纷纷加入这一文化传承的升温活动。2015年"焐热行动"与网络捆绑更为紧密，保持高热度，持续火爆。成功的电视事件可以提升节目美誉度，将手写汉字节目与键盘拼音输入法结合，让更多的人认识更多的字，让我们传统的汉字文化在现代社会持续发光。

第六章 广播电视艺术与新媒体融合发展的思考

随着科技的不断发展，新媒体作为新时代传播的代名词，受到大众的广泛喜爱，广播电视艺术该如何利用自身的优势和资源，与新媒体环境中实现融合与互补，成了人们关注的焦点。本章主要分为新媒体与传统媒体的比较优势、新媒体技术冲击下的广播电视业、新媒体技术在广播电视业的应用与发展三部分。

第一节 新媒体与传统媒体的差异

一、传统媒体的优劣势

（一）传统媒体的优势

传统媒体在受众资源、品牌资源和内容资源等方面具有一定的优势。传统媒体的受众群体一定程度上较为固定，在老一辈人的眼中，传统媒体是他们最先接触到的传播介质，有着很深的感情，因而对于现今网络的大力推广没有很强烈的兴趣。在新闻信息的传播中，传统媒体虽然不及网络迅捷，但可以较好地保证信息的准确性，以其悠远的历史创造了良好的品牌价值。

传媒组织的专业特性及优势体现在把关人机制上，它有充足的时间来进行信息处理。媒体渠道充盈的时代同时也是信息泛滥的时代，社会化媒体的崛起让人人都拥有了意见表达的渠道，但这些信息鱼龙混杂、泥沙俱下，人们在享受自由表达的同时也在感受着秩序消解后的迷惘，因此在信息化的时代，除情商、智商外，搜商也成为当下人们不得不具备的一项素质。时间是宝贵的，除了必需的实用信息外，恐怕少有人愿意浪费大量的时间在信息的搜集与整理上，这也就意味着，在秩序混乱的时代，人们更加需要带观点的信息，而这里就是专业媒体人的价值空间之一。

带观点不意味着传播者的判断代替了受者的判断，而是传播者能够提供一种观念让受众自主选择。同时信息的重新整理与归类不是简单的重新组合，而需要根据现代广播听众点状接触、社区化接触的特征，对信息进行碎片化处理，根据其需求制作短小精悍的节目板块。这些经过深度整合的信息质量相对较高，同时受众获取这些信息的耗费程度也较低，受到欢迎自然在所难免。

（二）传统媒体的劣势

一方面，由于技术的局限，传统媒介的信息发布易受时间与空间的限制，无法达到新媒体的与事实同步，影响的范围也不及新媒体广泛。另一方面，传统媒介为规避风险，容易与网络等新媒体保持相同的论调。根据20世纪70年代德国女传播学家伊丽莎白·诺埃勒·诺依曼提出的"沉默的螺旋"理论，人们在表达自己的想法和观点时，如果遇上自己的观点获得认可并广受欢迎，就会积极参与讨论并主动表达自己的观点；但如果发觉某一观点无人问津或只有较少的人理会甚至被群起围攻，那么即便是自己赞同该观点，出于规避被孤立的风险也会选择保持沉默。意见一方的沉默导致另一方意见的增势，如此循环往复，便会出现一方声音逐渐强大，另一方声音愈发沉默的螺旋式发展过程。新媒体报道的突发事件演变过程往往离奇迅速，不按常理推演，迷雾重重，主流媒介如果断然跟进报道，则风险大增。为规避风险，许多传统媒介从业者保守做出与新媒体舆论站在相同立场的选择，结果是未能及时发出应有的声音。另外，传统媒介迫于行政压力易导致民意重心发生转移。传统媒介作为政府的喉舌，近些年在新媒体挤压之下，为了生存不得不压缩减少报道领域，而相当多的热点事件却在网络频出、发酵并掀起一次次高潮。传统媒介长期承载民意的功能转为网络承担，导致传统媒介公信力下降，民意的重心自然发生转移。同时，作为政府喉舌的传媒在面对当前频发的重大群体性事件时，往往迫于行政干预的压力进入一个时间相对较长的噪声期，一定程度上加速了不明真相的网络情绪的高涨，影响社会的安定团结。

相对传统媒体的存在地位，新媒体通过不断更新传播渠道和加强传媒技术的优化，在一定程度上将传统媒体中单向传播的模式打破，传统媒体要保存自我的发展地位，需要加强与传统媒体之间的融合，在竞争中寻找突破，进而稳固自身的历史地位，实现不断进步。

二、新媒体的优劣势

（一）新媒体的优势

1. 个性化突出

传统的纸质媒体和电视媒体往往由于技术配套的单一化和不成熟难以形成较高的辨识度，也就是个性化不够突出，这在反面也促进了新媒体行业的产生和兴起。以面向个人为主要发展模式的新媒体产业，其能够依据受众的时间进行媒体内容的编排，旨在满足受众的需求，其内容往往更加符合受众的心理，从而让自身的内容更加个性化。

2. 可操作性和主动性增强

因为新媒体本身是同当下包括互联网技术在内的众多技术一同发展进步的，因此在新媒体市场中逐步形成了人人参与的机制，这样可以提高大众参与媒体活动的积极性，其与传统媒体很大的不同点在于，新媒体能够实现大众在进行视频观看的同时在下方进行评论，从而形成动态的交互机制，让传统媒体过于单一的由媒体主导的形式转化为媒体同受众进行交互的模式。换句话说，新媒体中运作的传媒范畴可以由客户来进行选择，其无疑增强了客户对媒体内容进行选择的可操作性和主动性。

3. 表现形式多样

不同于较为单元化的传统纸质媒体和电视媒体，新媒体的表现形式是十分多样的，其表现在新媒体的范畴包含文字、图像、动画、音频甚至是未来的虚拟现实技术在内的众多范畴，从而能够根据受众的需求变换媒体的表现形式。新媒体表现形式的多样性在于其能够在很大的程度上具备数据存储的功能，因此媒体能够不断夯实大数据概念下的数据基础，给用户提供更多的表现形式的选择。

4. 发布信息及时

同传统的广播电视相比，新媒体的信息发布在很大的程度上满足了受众对

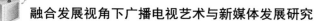

于信息发布的时效性要求，新媒体的信息是即时发布的，其原因在于当下我国整体的新媒体产业的格局是同互联网进行捆绑运营的，从而能够实现较为便捷的全天候的信息发布。加之新媒体具备优质的体验感和极强的交互性，因此新媒体的发布渠道更加多样化，这就对用户参与媒体活动的积极性形成了促进，因为有了一定的群众基础，就为新媒体信息发布的双向发布机制的建立奠定了基础，从而让新媒体的运作更加及时。

（二）新媒体的劣势

首先，新媒体传播主体的多元化及传播方式的多样性易导致信息失真与缺乏可靠性。由于新媒体信息发布缺乏严格的"把关人"，传播主体不可避免会因为立场、情感态度等发布片面或者偏激的言论，导致新媒体在受众眼中缺乏"可信度"。此外，新媒体发布的信息中还囊括相当一部分娱乐性和商业性较强的信息，这也在一定程度上削弱了新兴媒体的权威性和可信度。其次，新媒体传播过程的交互性及传播面积的广泛性增大了社会舆论引导难度，容易形成舆论风暴。在传统媒介中，进入传播渠道的信息要经过严格筛选，单个主体并不能掌控信息源。而在新媒体时代，反映同一事实的不同立场的观点或不实信息可以通过新媒体迅速扩散，极易产生非理性社会情绪，激化社会矛盾，影响社会稳定。最后，新媒体冗余信息传播量大、原创性不强、知识产权和著作权保护问题相对突出。一项名为《在线读者行为报告》的文章显示，数以百万计的博客和社会媒体站点的内容中仅 14% 为原创，67% 的热门新闻站点的新闻来源于传统媒介。这说明，新媒体主要依靠传统媒介获得新闻信息，而围绕同一事件的各种"信息轰炸"则使受众获取有价值信息的难度增大。

三、新媒体与传统媒体的比较

与传统媒体相比较，以网络与手机为代表的新媒体自诞生之日起，其独特的优势就表现得非常突出与强劲，但在众多的优势当中，最为明显的则表现为以下几个方面。

（一）技术的数字化

在主要的传统大众媒体当中，要么以纸张为介质，要么以磁带和胶片为介质，虽然也能保存相当长的时间，但是往往有失真的现象，尤其是对于传统电子媒体来说，不仅在长时间的保存当中会失真，而且在信号传播过程中，其模拟信号也容易失真。相反，新媒体是以数字化技术为基础的大众传播媒介，以体积小、容量大的光盘、硬盘、云盘等为介质，以字节比特为信息的最小单位，不仅信息的存储实现了数字化，而且信息的传送与接收也实现了数字化，所以，这从根本上就保证了新媒体信息本身的稳定性、高保真与高清晰。同时，数字化技术也是新媒体其他特征与优势的前提与保证。

（二）信息的海量化与共享性

由于传统媒体存储介质的容量有限，如平面媒体受版面的限制、电子媒体受时间的限制，所以广大受众通过这些媒体所能获得的信息也是有限的。而以数字化方式存储与传播信息的新媒体，能借助微小的存储介质长时间保存海量的信息，尤其在通过网线把世界各地单个计算机连接起来以后，所形成的国际互联网上，所有连线和在线的计算机所存储的信息就变成了一个浩瀚无边的信息海洋，所有在线网民都可以在这个信息的海洋里冲浪。

从宏观上说，即使在传统媒介社会里，信息也是庞杂和海量的，但是从单个的媒体信息容量来看，极其有限，同时受众所能够获得的信息也是极为有限的。可是在新媒体社会里，不仅单个媒体自身存储的信息近乎海量，而且各个单个的媒体连接起来的网络里所拥有的信息更像一个汪洋大海。更为重要的是，每个受众只要在线联机就可以在跨国界、跨疆域的有线或无线网络里分享彼此所拥有的信息，从而实现全球海量信息的共享。并且这种全球性新闻信息的共享是不受时间与空间限制的。

（三）形式的多媒体与超文库

传统媒体的信息往往以较为单一的符号为表现形式，如纸质媒体利用文字和图片传递信息，广播借助声音发送信息，而电视则借助于声音、图像和字幕传播信号。但是以网络与手机为代表的新媒体，则兼容了文字、图片（表）、声音、动画、影像等多种传播符号。由于运用了综合处理文字、图形、声音和图像的多媒体技术，新媒体达到了将传统媒体的优势集于一身，而且最大限度地实现了各种传播形式的"兼容并包"。这不仅丰富了信息传播的手段，而且也使受众的各种感官得以充分调动。

由于信息的数字化处理，新媒体不再像传统媒体一样以文本形式呈现信息和以线性形式组织信息，而是以多媒体形式展示信息，以超文本形式呈现信息，

以超链接形式组织信息。每一个节点内的信息可以是文本、图像图形、动画、声音或它们的组合，节点之间相互链接，组织上呈网状结构。这既有利于新媒体海量信息的存储，又有利于受众对信息的浏览与检索。

（四）使用的个性化与交互性

与传统媒体将同一信息同时向社会公众传播的大众传播相比，新媒体则往往是个性化的小众传播。在以网络与手机为代表的新媒体传播中，受众可以根据自己的需要通过搜索和检索工具来选择信息，还可以自由地选择信息接收的时间、地点以及信息的表现形式，甚至信息的生产与传播者还可以利用"信息推送技术"，根据用户的特殊需求提供订单式服务。

同时，新媒体也不再像传统媒体一样持有"你说我听"的单向传播模式，而是交互式传播。传统媒体按线性输出信息，让受众被动地接收以统一标准生产的信息产品，即使也通过热线电话、来信和来访等方式展开与受众的互动，但互动的频率一般比较低且成本较高。而新媒体的互动则非常便捷且成本低廉。新媒体不仅可以通过点击量来体现互动而且可以通过留言和评论等方式来直接与受众互动，甚至还可以通过在线提问和交流来实现互动。除此之外，新媒体的交互性还体现在让受众直接参与信息的生产。信息生产的直接参与主要体现在发帖或上传自己所采集的信息，这不仅可以为传播者提供信息来源，还可以为传统媒体提供难以采集的信息。

四、传统媒体与新媒体的竞争与结合

在新媒体的冲击下，传统媒体面临着更为严峻的考验。在合理分析了各自的优、劣势之后，需要明确传统媒体的固有价值，以及认识到新媒体虽然具有众多的良好特性，但并未达到健全的标准，所以，加强新媒体和传统媒体的融合，势在必行。

在现在的市场竞争中，传统媒体和新媒体的竞争异常激烈。对于新媒体而言，可以通过不断地参与市场竞争，来夺取更多的市场资源。抑或处于其中，静观其变，以优势的条件使其他竞争者自我淘汰，从而获得双赢的局面。新媒体以时效性和开放性等多种特性，从传统媒体中夺取受众资源。所以，一个很显著的事实是，新媒体通过网络平台将源源不断的读者从纸质媒体转移到了网络媒体上来。

传统媒体和新媒体之间展开竞争和融合，是网络时代传统媒体应对冲击的重要选择。双方的竞争，可以显示出各自的特色和优势，双方的融合，可以不断地减弱相互之间的冲突状态。竞争是市场经济条件下，传统媒体生存下去的手段之一，然而相互之间的融合，也是不断推动传统媒体在网络时代获得长远发展的保障。传统媒体应该学会将自身所遇到的竞争压力转化为动力，将各种竞争和融合战略具体化，从而更好地实现与网络媒体的互动。只有这样，传统媒体才可以为网络时代的受众提供质量高和易于增产的相应服务和文化产品，以此促进自身获得新的生机。

（一）传统媒体与新媒体融合的可能性

在市场竞争中，传统媒体和新媒体分别处于市场领导者和挑战者的地位，作为市场挑战者的新媒体有两种选择：一是攻击市场领导者和其他竞争者，以夺取更多的市场份额；二是参与竞争但不扰乱市场局面，就看领导者和挑战者如何做出选择。从美国网络媒体和传统媒体之间的关系演化来看，双方的关系并不是永远敌对的，而是可以通过融合、互动来创造双赢的局面。在美国及其他发达国家的网站发展历程中，出现过传媒机构联手，同相关行业的公司联合共建网站或在网络上联盟的现象，传媒机构同电脑公司、电讯公司或信息公司结成伙伴关系的例子，在世界范围内已不再罕见。因此，目前国内外传统媒体尤其是平面媒体，在遭遇广告和受众危机之际，完全可以借鉴国外传媒的做法，融合是大势所趋。传统媒体和新媒体的融合存在无限可能。

1. 传统媒体与新媒体在文化上的相通

新媒体和传统媒体之间有着共通之处。人们对新兴事物的热情，往往聚焦在这件新兴事物介入社会文化现象，所带来的社会文化的变迁上，对新媒体的讨论也是如此。如果我们在对于这种变迁的探究中，进一步考量其历史层面，就会在新媒体引起的文化变迁中，看到工业革命后媒介（传统媒介）发展和社会文化发展若干趋势的延续。技术不断优化，商业化、市场化运作，以及真正走进平民百姓，走进下层，这是工业革命之后现代传媒业发展的大致走向。虽然目前由于普及率并没有达到一个理想的程度，新媒体乃至新媒体新闻业的发展受到一定程度的限制，目前尚未形成这一特征，但它们已经蕴涵了这种趋势。以网络为例，网络的崛起，固然给文化的传播增添了一种全新的载体，但是载体价值的实现，离不开其承载的信息及其表达形式，这些绝不会在一夜之间凭空冒出，而是不可避免地会以过去的文化积累为基础。网络文化（被称为赛博文化）在一定程度上吸收了传统的大众传媒（尤其是广电传媒）提供文化娱乐的许多做法。美国著名新媒介研究专家罗杰·菲德勒在《媒介形态变化：认识新媒介》中把"连接过去"视为新媒介成功进入社会的重要因素之一，把跨越"熟悉的桥梁"看作新媒介发展的必经过程。他指出，在人类传播系统历史中，新的形式如果缺少与先前或者现存的形式的密切联系，就很少能得到采用。传播媒介的现代形式也表现出类似的模式。例如，照相术很容易就被采用了，因为它基于人们熟悉的观看和展示景象的方式。起初，摄影术被看作制作肖像和风景艺术的更有效和可靠的手段，一旦熟悉的桥梁被跨越以后，就需要更具创造性地运用。在他看来，"新媒介的成功形式就像新物种那样，并不是无中生有地突然冒出来的，它们与过去有着千丝万缕的联系"。世界文化发展史上的许多事实都可以印证其观点，印刷同书写的联系，早期印刷报纸的样式同手抄新闻信的样式的联系，影视同摄影、录音、文字语音的联系等，都展示了传播系统、传播形式沿革过程中的新旧联系。新媒体的发展也不例外。

因特网和多媒体手机及其他新媒体的诞生所催生的一系列崭新的文化形式，如网络文学、Flash 动漫、视频点播、网上游戏和手机游戏、手机订阅新闻、手机看电影等，都并非从虚无中突然冒出的，而是包容了过去的传统的文学、动漫、电视节目、游戏和报纸等文化形式的某些方面，大众传媒（尤其是广播电视）的许多提供文化娱乐的做法，都为网络和其他新媒体在一定程度上吸收。从根本上说，新媒体和传统媒体一样是符号世界（符号形式及其所表达的信息内容）所依托的载体。

2. 新旧媒体融合的经营管理

媒介融合的目的就是将多个个体组合成整体，媒介购并活动就是媒介实施总体战略的必须充分运用的战略手段。购并就是收购和兼并，收购是指一方购买另一方的股权，以成为另一方的股东成员甚至控股者的经济活动；兼并是指保留兼并公司，解散被兼并公司并使其法人地位消失的经济活动，有时也可能是两家公司合并为一家新公司。从媒介企业间的购并动机我们可以看出，购并对于媒介企业发展壮大和创造效益有重大意义。

①建立新进入者的障碍，控制关键的投入资源或销售渠道，使其难以进入本企业的经营范围，这样不仅保证了自己原有的经营范围不受来自新进入者的

竞争，扩大了自己的经营业务，还可以限制媒介所在的媒介产业的竞争程度，从而使媒介获得一定的垄断优势，可以在较高的价位上制定产品或服务的价格，获得较大的利润。

②增强规模扩张能力，实现利润最大化。购并作为媒介外部交易型的一种经营战略，可以扩大媒介自身的绝对规模和相对规模。规模扩大后媒介将拥有更加强大的实力，随之而来的是提升了市场地位和行业地位，这些都对媒介在改善同政府的关系、引导顾客的购买行为、树立良好的社会形象等方面更加有利，也可以使媒介有更强的能力来控制它的成本、价格以及资金的来源。从产品结构来说，购并之后的媒介会拥有处于不同生产阶段的各种产品、半成品。这样就使各个生产环节的衔接更加有效。因为是在一个企业内部来提供原材料和半成品，这就大大节省了运输等管理费用，也节省了原材料，从而降低了媒介产品成本。此外，媒介规模的扩大必然会提高媒介开发新产品、新技术的能力，增强企业应对市场突变的能力。总之，购并是迅速实现媒介企业规模经济的一条途径，它有利于媒介自身达到企业利润最大化的目标。

③优势互补、风险共担。从竞争优势的角度来分析，媒介购并的动机不外乎两个方面。第一，使媒介购并的竞争优势向目标企业转移。第二，使目标企业的竞争优势向媒介购并企业转移。购并的目的就在于促进购并企业与被购并企业之间的优势共享，从而形成新的整体竞争优势。媒介购并的动机在于自身优势的"送出去"或将其他企业的竞争优势"请进来"，两方面优势互补，以巩固和提高购并后的媒介企业的竞争能力。

④调整产业结构，防止和消除重复建设是媒介购并的另一重要动因。我国的媒介产业发展，是"大而全""小而全"以及低水平的重复建设，目前我国共有电视台2000多家，数量之多堪称世界之最，造成了媒介产业严重的结构性矛盾，成为一种耗散结构。重复建设是一种严重的资源浪费，并增加了行业管理难度。而在传媒业发达的美国，虽然有1000多家电视台，但是基本上都分属于美国全国广播公司、哥伦比亚广播公司和CNN等几家全国电视网，彼此在一个比较高的层次上竞争。目前国内部分地区也出现了一些政府推动的购并活动。

（二）传统传媒与新媒体的结合优势

在对新旧媒体的内部因素进行分析之后，我们不难看出，新旧媒体各自所占有的优势资源正是对方所欠缺的，这是两者之间融合的契机。

1.创新内容

数字时代，内容仍是媒体的核心价值，传媒竞争主要集中在如何能够提供更多更好的内容。目前新媒体传播方式的数量日益增多，世界将会进入渠道过剩的时代，传统媒体作为信息载体的优势正渐渐消失，而其拥有雄厚的人力物力和丰富的采编经验，作为内容生产者的比较优势是其他市场参与者无法替代的。由于内容服务与传播形式逐渐分离，内容供应渐趋独立，传统媒体选择做全方位的内容服务商是发展趋势。进一步说，是否能聚精会神，是媒体产业的核心竞争力，尤其体现在创新和突破两方面。两个动漫形象开辟了迪斯尼的百年基业，几场中东半岛的战争成就了 CNN 和半岛电视台两大著名媒体，一个在线游戏打造了盛大帝国，而一部电影的失败，一场报道的疏漏，也就会使看似巨大的媒体巨人走上难以回头的下坡路。巨大的决策风险与巨大的收益可能，关键在于媒体内容产品的深入人心，也许这样的规律适用于所有产业，但媒体产业的精神创造本质，使这一规律的威力尤其突出。另外，传统媒体为新媒体提供内容产品是实现规模化的一个重要步骤，能实现销售收入规模的增加和经营成本的降低。

首先，传统媒体为新媒体提供内容能分担原创成本。内容产品在生产过程中，依靠同一个生产系统可以生产多种产品，而这正是内容产业实现范围经济的基础。例如，一个具有原创性的故事，传媒集团有兴趣也有能力将这个故事加工成各种类型的内容产品：可以通过电影的方式将故事拍摄成具有强烈视觉冲击力的电影；也可以将故事出版，做成一部畅销的小说；也可以改编成网络电影电视，在网络或者手机上播放。传媒集团的生产过程中内容要素的多种组合都能形成一种产品。若能将一个原创应用于多种产品，就能有效地分担原创的成本，降低单个原创的投入成本，同时也能够给消费者以更多的选择机会，降低消费者的消费成本。

其次，大规模复制成本可以忽略不计。集团内的大规模复制成本极低，甚至可以低到忽略不计的水平，这就使内容产品可以大规模地复制。集团所拥有的产业技术具有强大的加工能力和复制能力，这种成本是非常低的。

最后，交易成本大大降低。内容产品可以实现多种组合。要实现内容产品的"完全商业化"，还需要一系列的内容创作、制作和纵向发行的发行交易体系，而自由组合的多种内容的发行和生产，则需要更大和更为众多的发行和销售体系。在传统媒体的内容生产过程中，发行一直占据着重要的地位。骨干发行商可以将交易成本最小化，能够有效地产生收入，控制市场。传统媒体一直依托着不同的技术手段，印刷和电子，不同的技术平台带来了不同性质的内容，包括报纸、书籍、杂志、电影和电视，技术一次又一次地提升了内容产业的规模。目前，基于比特的内容容量有效地解决了文字、声音和图像的融合问题，互联网和通信网络能够实现大规模的数据处理和数据传输，新技术革命带来的信息的处理、存储、传输能力，为内容的大规模发展提供了降低成本的可能性。这样，内容面对消费者的大规模交易就产生了较低的交易成本，而这种交易成本的降低则推动了内容产业销售更大规模的内容产品。

2. 提高公信力

品牌对任何一个媒介来说都是有价值的。媒介之间的竞争实质上就是媒介品牌的竞争，而信息传播的可信度又是影响媒介品牌的重要因素之一。新媒体由于其商业化的运作机制，在手机或者网站上经常会发布哗众取宠、耸人听闻的信息，令受众真假难辨。因此，一些人在网络上看到自己感兴趣的信息后，往往还要到传统媒体上，查看相关信息以核实其真伪。传统媒体在长期的发展过程中已树立起舆论权威性和可信度，也就自然而然地形成了自己的品牌，这是作为新生事物的网络媒体所无法抗衡的。即便在网络媒体如此发达的美国，网民认为信息可靠性最高的网站仍然是传统媒体网站。因此，有许多专家、学者认为，新媒体或者整合中的传媒集团为了树立起自己的品牌形象，除了要加强行业的自律和他律外，还要与传统媒体联姻。与传统媒体联姻的新媒体公司事实上已经将传统媒体的公信力移植到了新媒体，这对他们品牌形象的塑造是大有裨益的。当然这种移植不能仅限于形式上的移植，更要将传统媒体长期树立起来的社会责任感和职业道德继承过来，提高整合后的新一代媒体从业者的综合素质，使他们拥有政治家的全局头脑、专业学者的分析研究能力，做好"把关人"。

3. 推进新技术

利用就是最好的控制。新媒体的海量性、非线性等特点和传播方式上的诸多优势为新闻业务提供了进一步发展的可能。

例如，可以充分利用搜索引擎和联网数据库检索浏览信息，联网数据库之

系统化的数据集合，存储了大量的信息资源。目前全球联网数据库达到了万个之多，包括各国的政治、经济、文化、科技、教育、社会福利等部门建立的数据库。对媒体来说，这些网上信息源就是丰富的内容资源；另外，媒体可以利用新媒体更快地获得受众的反馈，传统媒体以前主要依靠电话和读者来信了解受众对新闻报道的意见和评论，这种反馈数量少、时效慢，因此受众对新闻的参与是非常有限的。新媒体传播使受众主动、广泛地参与成为可能。现在网络越来越多地参与到传统媒体的运作中来，传统媒体大多数都在网上设立了"用户论坛""电子公告板"等栏目。新媒体的技术手段今后将以更多样的形式参与新闻内容的制作。

第二节 新媒体技术冲击下的广播电视业

一、新媒体技术下的广播电视业

网民们养成了在网络上点播视频节目如新闻、综艺节目和电视剧的习惯，视频网站因此得到长足的发展。电视剧通过出售网络版权获得再创作的启动资金，视频网站也通过出售各种形式的网络广告完成成本的覆盖和利润的增长。过去一部电视剧网络播出权每集只有几百上千元，现在一部品质优秀的电视剧网上播出权达到上万甚至数十万元。

显而易见，传统广电媒体如果仍抱着原有的播出平台和节目形态不放，那离其消亡的时日就不远了。怎样才能摆脱该困境？答案只有一个词：融合。而这也正是目前的广电媒体在着手进行的。

在探究传统广播电视台如何与新媒体融合之前，不妨从传播特性和成本核算的角度对新媒体的相对优势进行简略分析。

第一，如果按照麦克卢汉的理论，电视由于清晰度低，被归为"冷媒体"，需要"深度卷入"，那新媒体绝对是清晰度高、无须深度卷入的"热媒体"。因此，传统广播电视台可以以基于数字化的互动技术为起始点，打破传与受的强制关系，而成为一个人人可发言的公共平台，一个人人可参与的游戏广场。在互动中，观众决定节目开始的时间、连续播放的电视剧集数、是否要暂停以便立即对感兴趣的话题或信息进行搜索、记录和研究，等等。播放内容的细节无疑在观众的自主决定中被放大了，清晰度得到了提高，观众无须因为传统电视的"线性传播"和"稍纵即逝性"而高度卷入，相反，观众可能因为更为随意的观看状态而更多地观看电视，这无疑是"电视"重新获得观众的关键点。

第二，当传统电视广告营收减少后，与新媒体的融合是维持边际成本的唯一路径。电视之所以曾被认为是"强势媒体"，就是因为占据着宝贵的频道资源。广告商支付的费用买的是节目制作，节目播出渠道数字化带来的是无限的频道资源，这必定冲淡了传统电视的"强势"资本。电视台只有从渠道供应商化身为内容供应商才能应对资源的无限和内容的稀缺所形成的供求矛盾和市场机遇。这是既降低制作成本，又提高产量的一箭双雕之计。

央视春晚是中国收视率较高的电视晚会节目，除了将春晚传到网上、电视终端、网络终端、手机电视、移动媒体实现传播覆盖率最大化的"外部融合"外，还开创性地搭建了春晚台，专供配合其与新媒体的"内部融合"。

央视首先给予中国网络电视台内容上的支持。以2010年的春晚为例，在春晚台主题页面上，汇集历年春晚的精彩视频节目，供海内外网友点播收看；"第一飞报"则提前展示春节亮点和春晚花絮；在除夕当晚，与央视同步直播春节晚会，同时还提供2010年春晚重点节目的视频点播，向海内外网民提供同步标清和高清的两种格式切换入口以及CCTV BOX客户端软件下载，让网民可以通过多种方式随时随地看春晚节目。

中国网络电视台春晚台也以其原创性、参与性、互动性、娱乐性和实时性回报央视的投入。春晚台开办了一系列线上活动，如春晚祝福语征集等，为广大网友提供参与和展示的平台。原创节目使中国网络电视台进一步拉开了与其他网站的差距，取得了明显的领先优势，更多更吸引人、更具特色的节目也为中国网络电视台的未来发展打下了坚实的基础。

春晚筹办期间，中国网络电视台春晚台在互动中助节目策划一臂之力。春晚台不仅开通了春晚论坛，还开办了一系列电视节目主创人员在线的互动交流访谈节目，虚心听取观众的批评、建议。

春晚进行时，中国网络电视台春晚台凭借着先进的平台基础与网友、电视栏目进行互动，运用微博、微信、论坛、边看边聊、评选、征集、征文等互动手段，配合电视栏目。开展与春节有关的丰富多彩的互动活动，开办春节书画、摄影大赛，为网友提供广阔的互动空间，凭借新媒体的平台优势，拓展了电视媒体中你播我看的传播方式。通过互动，电视栏目也掌握了观众的收视动向，实现了双赢。

内部融合的新媒体战略为当年的春晚带来了可观的社会影响力和经济效益。相关数据显示，当年的春节联欢晚会收视率总计为38.26%，市场份额总计为81.74%，比前年增长3.75个百分点。其中CCTV-1播出的春晚平均收视率高达28.42%，平均市场份额高达59.8%。与此同时，中国网络电视台春晚直播覆盖全球140多个国家和地区，点击量为246亿次，相比去年增长21.2%。中国网络电视台还联合新浪、搜狐、腾讯等网站直播春晚，视频累计观看人次达7850万，最高同时观看人数达786万。CCTV手机电视国内用户访问量达821万次，海外直播访问量达387万次。第三方咨询公司的统计数据显示，除夕当天，国内视频网站在与电视的直接竞争中一败涂地，其当日站点访客数和页面浏览量均较前一日至少下降了50%，特别是当晚8点春晚开始、热点节目播出以及凌晨0点左右人们集中走到户外放烟花时，流量降到了近期以来的最低值。

二、新媒体环境下广播电视传播的现状

在网络时代下，实行广播电视传播依据网络模式进行发展已成为一种新型的发展趋势，这样能够在充分地发挥广播电视传播优势的同时，还能够利用网络平台在传媒界开创出更加广阔的发展空间。

早在20世纪90年代中期，我国的网络就作为第四媒体步入了我国的传媒界，在多种传播方式中脱颖而出。广播电视传播是我国主要的传播方式，在网络时代的带动下，受到了极大的挑战；网络时代也作为一种推动力量，不断地推动广播电视传播的发展。

（一）增加了广播电视传播的功能

在网络环境下，广播电视传播在继承了以往的传播方式之后，还在此基础上进行了发展，这样就使得我国广播电视在传播的过程中增加了功能。

（二）扩大了广播电视传播的范围

广播电视节目传播在进行创新之前播出的范围一直受到发射主体的技术条件、覆盖区域范围条件以及用户的接收条件的制约。在一般情况下，在信号覆盖区域比较小的情况下，只有经济和技术力量比较雄厚的地区才能够将节目传送到更大的区域范围；其他经济和技术条件比较薄弱的地区是没有这种力量将

信号传送出去的。但是在网络时代，通过网络平台，任何的广播电视节目都能够大范围地进行传播，能够迅速实现全球化，这样就大大地提高了广播电视传播的国际化进程。

（三）扩大了广播电视传播容量

以往，传统的广播电视的信息空间容量是有限的，在一个电视频道中，只有一个整天的播放时段，信息容量相对较少。因此，信息流量变得十分有限。但是在网络平台中，以往的广播电视传播模式被打破，不再是原来的广播电视传媒的线性播出流程，所有的信息都能够在网络平台上展现出来，现在各个频道的节目在网络中都可以随时找到，这样就大大地增加了广播电视传播的信息容量。

（四）增强了广播电视传播的时效性

在网络时代下，传统的广播电视节目在传播的过程中通过网络数字技术将节目编码压缩，在信号不被干扰的情况下，使得广大的广播电视用户可以随时进行点播，自主收听节目，更可以将播放的节目进行长期的保存，克服了传统广播电视传播的稍纵即逝的不足。

（五）提高了查寻广播电视节目的效率

在网络平台下，强大的网络搜索功能，能够满足用户在使用过程中迅速地将自己所需要的电视节目查找出来的需求。这改变了传统的传播功能，克服了以往的只能根据节目时间表和节目预告查寻节目内容信息的缺陷；在一定程度上增加了用户的使用量，吸引观众查找自己喜欢的节目，提高了接收信息的效率。

（六）促使电视节目内容多样化

在网络时代下，广播电视节目的内容可以在两个网络终端进行接收，并且容量是无限大的，这样能够吸引更多的用户。广播电视节目在发展的过程中逐渐地将节目设计方向趋向于丰富性和多样化，这样能够满足大众的不同需求。丰富多彩的节目信息能够使用户提高思想情趣和审美能力。

第三节　新媒体技术在广播电视业的应用与发展

一、新媒体技术在广播电视业的应用

（一）智能电视机

对于传统广播电视的受众来说，内容接收终端的变化是新媒体技术对广播电视业所产生的影响中最易被察觉的部分。

智能电视机的出现和日趋普及，就是广播电视内容接收终端的一场重要的革命。所谓智能电视机，是指能够接入互联网并集成了 Web 技术的某些特征的电视机或外接了专门的数字视频转换盒的电视机，是家用电脑和电视机两种终端相互融合的产物。

在特定政策的支持下，一台智能电视机通常既能够收听收看传统电台与电视台播出的内容，也能以检索、互动、点播等方式接收来自其他互联网内容供应商提供的音视频节目内容。在智能电视机中，生产者往往预装了相应的操作系统和一系列软件或应用，用户亦可像使用家用电脑和手机一样从指定的网站下载系统支持的软件或应用。当然，在 Web 技术的支持下，智能电视机的使用者不仅可以观看节目，而且可以对节目和服务做出实时的反馈，甚至与其他使用者进行线上社交。

尽管世界上第一个智能电视机专利早在 1994 年便诞生，但直到数字电视技术基本成熟的 2010 年前后，智能电视机才开始大规模批量生产，谷歌的 Google TV 和苹果的 Apple TV 则是最早取得行业领先地位的智能电视终端。从 2015 年开始，包括索尼、三星在内的多个知名传统电器厂商也开始全面涉足智能电视产品竞争。其由于融合了广播电视节目、音视频内容点播、线上游戏、线上音乐、电视购物等多种家庭娱乐功能，势必会极大地改变传统电视时代形成的家庭休闲模式。有人甚至将智能电视机的出现称为"客厅里的技术革命"，并预言其"不但会让电视变得更具交互性，也能让看电视这一行为日益深刻地成为一种社会经验"。

目前来看，智能电视机的发展仍然面临着较多的障碍，其中，传统广播电视行业的抵制行为是一个十分重要的因素。在美国，智能电视机使传统电视网

的节目不再具有家庭终端上的排他性优势，这也就意味着原本有限的受众注意力被进一步侵占和瓜分，于是五大传统全国性电视网以及由电视网控制的视频网站 Hulu，均采用不同方式对智能电视终端设置接入障碍，禁止其以流媒体形式播放自己的节目。此外，一些国家对于网络节目内容的监管也是影响智能电视机发展的一个重要因素。例如，早在 2011 年，中国国家广播电影电视总局就曾下发 181 号文件，明确各 STB 终端必须与政府许可的 7 家牌照持有者合作，不能有其他访问互联网的通道，也不能与网络运营企业的数据库进行连接；而 7 家牌照商提供的互联网内容也必须经过严格审定方可在电视机上播放。

2014 年 7 月 17 日，国家新闻出版广电总局（2018 年改制为国家广播电视总局）再一次强调，"商业网站以节目服务平台形式，与牌照商进行服务专区合作，是总局坚决不允许的合作模式"，从而迫使小米、乐视、天猫等中国市场上的流行 STB 终端取消了直播电视、回放电视、链接其他商业视频网站等功能。

尽管仍面临多方面因素的掣肘，学者和从业者们仍普遍认为智能电视机的普及将是一场从终端开始逐步对传统广播电视行业进行颠覆与重塑的革命。对此，BBC 的前新媒体与技术总监阿什利·海菲尔德的评述很有代表性："与今日的电视相比，未来的电视或许是完全不同的，因为传统电视频道的线性播出方式，以及由电视行业决策者预先设计好的节目编排方针将为变化万千、数量浩繁的流媒体内容所取代的，传统广播电视机构的内容势必要同用户自己生产的内容交织在一起，过去的广播电视网高高在上而观众只能感激涕零的传授关系则将土崩瓦解。"

（二）网络节目

新媒体技术对传统广播电视业产生的另一个重要的影响是，电台和电视台不再是节目唯一或首要的播出渠道。一种完全以上述几类网络平台为播出渠道的视听内容生产模式近年来渐趋成熟。在这种生产模式中，各类传统、独立或社交化的广播电视内容网站开始扮演与传统电台和电视台十分类似的角色，它们通过购买或订制等方式，直接从制片机构获得节目，并独立进行节目的首轮播出和发行；一些网站甚至也参与到节目的制作中去，兼有制片方和发行方两个身份。这类基本摆脱了对传统广播电视播出渠道的依赖，首要通过互联网进行传播的节目，就是网络节目；其中最具影响力的一类节目则为网络剧，在中国亦被称为网络自制剧。

1. 网络节目发展概况

总体而言，网络节目的发展大致经历了个人化、商业化与机制化三个阶段。尽管最早的、真正意义上的网络节目在 1995 年便出现于美国，但在相当长的时间里，网络节目仅仅是业余视频制作爱好者自娱自乐的作品，没有显著的社会影响力。由于电视媒介在 20 世纪 90 年代仍占据着毋庸置疑的强势地位，再加上当时的主流家庭网络带宽不足以支持大容量的视频内容的上传和播出，故 2003 年以前，网络节目始终未实现突破性的发展。

2003 年微软公司推出的 MSN Video 服务是网络节目开始进入商业化时代的标志。网络用户自制的节目伴随着即时通信和社交媒体技术的发展而日趋繁荣。2005 年诞生的视频分享网站 YouTube 不但自然而然地成为大量网络节目的集散地和热点平台，也为这些被排除于主流电视播出体系之外的节目提供了自我展示的空间和可盈利的商业模式。这一时期出现的一些广受欢迎的网络剧，如《红对蓝》和《山姆有七个朋友》等，大多以 YouTube 为播出平台。尽管如此，网络节目在这一时期仍首要是作为一种网络亚文化的形态存在的，其在影响力上完全无法与传统电视节目相抗衡。

2011 年前后，随着实力雄厚的内容点播网站 Hulu 和 Netfix 开始涉足网络节目制播与发行，网络节目这一新兴的互联网视听内容形态进入了一个更为成熟，专业化程度更高也更为机制化的发展时期。其中，Netflix 的《纸牌屋》因其在商业和美学上所取得的巨大成功而被视为美国网络节目发展的里程碑。仅 2013 年，Netflix 播出的三部原创网络剧便赢得了美国电视艺术最高奖艾美奖的 14 项提名。研究者认为，正是由于其成功的原创节目制播活动，Netflix 已被视为美国的一个全新的"电视网"。此外，Netflix 在商业上的成功亦是导致网络节目的制作成本大大增加的重要原因，其于 2014 年 12 月 12 日首播的《马可·波罗》第一季 10 集的总制作成本高达 9000 万美元，成为美国电视史上造价最为昂贵的剧集之一。目前，YouTube 和 Netflix 是美国网络节目最大的两个播出平台，前者播出的多为小成本节目，类型繁多，且风格与传统电视节目有较大不同，创新性乃至先锋性色彩更为鲜明。而后者则成为"准电视网"，以播出成本高昂、制作精良，内容和形式均与传统电视剧极为相近的网络剧著称。一些成功的网络节目甚至会因其在观众中有极高的知名度而实现"回流"。

在中国，网络节目从 2006 年开始零星出现，至 2014 年实现爆发式的发展，这一年全年共涌现出超过 50 部有较大影响力的网络剧，即达到 1200 集的总体量。据行业调查机构骨朵传媒统计，仅 2015 年 11 月一个月全网就有 94 部网络剧播出，其中在播剧 45 部，新增剧 32 部，完结剧 19 部。短短一年，中国网络剧的增量、增速和发展态势之迅猛，均令人侧目。目前，中国几乎所有的视频网站均涉足网络节目的制作和播出，其中网络剧和网络脱口秀是最常见的两种节目形态，是中国互联网流行文化的代表。在中国，以网络剧为典型产品的网络节目产业增长态势十分迅猛。

2. 技术对内容的影响

由于网络节目与传统广播电视节目之间最主要的差异体现在平台和渠道的区别上，因此在对网络节目进行观察和研究的过程中，一个十分重要的话题就是与传统广播电视媒介技术显著不同的互联网技术，究竟对其原生的内容（网络节目）产生了何种影响。

显而易见，互联网平台的某些技术属性使得网络节目在内容和形态上均呈现出一些与传统广播电视节目不尽相同的特点。例如，传统电视台播出的单期节目的时长由于受时段和插播广告的限制往往较为固定，但网站播出则不受此限制，如著名的《纸牌屋》单集时长则在 43 ～ 59 分钟内波动。时间的灵活性带来了信息容量和叙事方式的灵活性，必然预示着网络节目在不久的将来形成与传统广播电视节目不尽相同的文化。

此外，一些因内容另类而难以被主流电视网或电视频道所接受的节目，也往往选择通过网络来实现播出甚至盈利，如美国青年电视制片人戴恩·博登海默就选择不设准入门槛的 YouTube 作为其制作的带有浓烈的黑色幽默色彩的荒诞动画片《烦人的橘子》的唯一播出平台，拥有超过 500 万订阅者。一种流行的观点认为，技术与文化是演进方向完全相反的两种力量：前者求新求变，后者则倾向于维护价值内核的稳定。因此，有研究者提出了一个命题：技术让文化发生位移。这一观点固然有过犹不及之处，但它恰如其分地强调了一个道理：在对包括网络节目在内的新型互联网文化形态进行考察的时候，不可忽视技术在其中扮演的角色。总体而言，我们可以归纳出互联网技术三方面的特征对原生网络节目内容进行了有力的塑造。

①对日常生活的高度嵌入性。网络技术对日常生活的高度嵌入性，使得网

络节目的文化显现出显著的现实指涉色彩。如果说传统媒介是位于人和社会现实之间的"拟态环境"，那么互联网技术则在很大程度上消弭了媒介与真正意义上的社会现实之间的界限；如果说广播电视赋予受众的是一种自外而内的"获得型文化"，那么互联网赋予受众的则是一种与现实生活重合度极高的"体验型文化"。互联网并不仅仅是外加于人的一种媒介，更是越来越多的人从事社会活动的直接空间。他们不但在互联网的世界里娱乐、学习知识、获取新闻，也将传统的社交模式、消费行为与情感体验完全互联网化。因此，一档网络节目能否成功，在很大程度上取决于能否令观看者产生一种与真实社会生活高度契合乃至高度重合的体验。这种体验无疑是互联网化的。但它同时也是真实的，与传统广播电视节目所传导的那种带有隔绝与幻想色彩的文化有着本质的不同。不难发现，大量流行的网络节目不但极其倚重草根式的现实题材，而且在气质上也尽可能追求与现实生活的同一性。在这个意义上，我们能否将网络节目视为一种与传统广播电视节目等同的艺术样式以及将网络节目的观看行为视为一种"审美行为"，都是值得商榷的，因为它与日常生活体验距离如此之近。

②高度灵活的交互性。网络技术高度灵活的交互性，使得网络节目的内容富有多元主义色彩。互联网技术对传统广播电视构成的最为巨大的冲击，即在于其将内容生产的一部分权力"让渡"给了传统意义上的受众，从而使得网络平台相对于原来的强势媒介广播电视来说拥有了更为强烈的"文化民主化"色彩。如有学者指出，在互联网时代，"文化生产已不再仅仅是一个简单的工业或社会分层问题"，交互技术在网络节目的生产中扮演了至关重要的角色，在高度灵活的"边拍边播"和社交分享的传播模式下，制播者总是能够根据网络用户的实时反馈对内容做出必要的设计和调整，以在最大程度上实现"按需生产"。这一状况表面上看是"以用户参与为出发点的开放精神与网络生态"的体现，而实际的逻辑则是"不这样就不行"，亦即互联网技术的互动性本质决定了任何一种以其为载体的文化形态都必须要遵从"互动"的法则，否则便难以在这个平台上生存下去。这种互动带来的一个必然结果就是，网络节目呈现为一个高度去中心化的话语体系，对"中心"和"边缘"的区分已经没有了实质上的意义，那些在传统媒介环境下的"无权者"的声音在网络节目的生产过程中被格外放大，从而最终影响了网络节目的文化面貌，使一种带有强烈的批判性和解构性色彩的占中心化的表达模式得以固化。

③去语境倾向。网络技术的去语境倾向，赋予了网络节目一种非线性的、

碎片化的史化质，并使得其文本的意义高度依赖于接收环境的不同特征。传统的广播电视媒介具有十分鲜明的时空语境的边界，高度强调诸如"客厅里的家庭观看"这样典型的接收环境。这种语境化特质的形成，源于传统广播电视媒介接收终端的独一性，即在正常情况下，只有收音机或电视机这么一个合法终端。但互联网技术终结了"单屏"的历史，令人类的视听媒介文化进入了"多屏"时代。网络节目的收听收看行为不再局限于极为有限的时空环境之内，借助移动技术的发展，这一行为甚至可以实现"随时随地""时时刻刻"。因此，一种碎片化的表达方式应运而生，它所应对的就是人们无所不在的接收需求和产生这种需求的各种各样灵活多变的场合。

而对于同一档网络节目，人们在不同的接收环境之下也往往会产生不同的体验，这些体验以交互反馈（如网络留言弹幕）的方式，又被创作者融入新的生产实践之中，从而又进一步强化了碎片式表达的合理性。

传统广播电视节目需要用较为宏大的结构和较为绵长的线索来制造一个总体性概念，而主流网络节目的文化构成如同由一个个亮度小的闪光点串联起来构成的巨大网络，观众从任何一点接入都不会妨碍其对整个节目的文化意涵的理解。

可以说，网络节目与传统广播电视节目之间的内容及文化差异，正是在互联网所具有的嵌入性、互动性和去语境化三种独特的技术特征的影响下形成的。技术的视角令我们可以超越网络节目的生产与传播模式做出行为主义或产业逻辑上的简单叙述，而在更为本质的层面上对其与传统广播电视节目的差异进行理性的阐释。

（三）网络广播电视

网络广播电视是传统广播电视进行新媒体转型的重要形式，主要指广播电视内容借助互联网平台抵达受众的一种传播模式，这种传播模式将互联网视为继无线、有线和卫星传输之后的一种新的内容传输渠道。

需要指出的是，这里的"广播电视内容"不仅包括传统电台和电视台播出过的内容，也包括各类广播电视节目制作机构和个人生产的，仅以互联网为播出平台的音视频内容产品。这些网络原生内容产品中的很大一部分因采取了与传统广播电视节目十分相似的形态也被称为"节目"；这些特殊的节目或许从未在电台或电视台播出过，却被视为广播电视节目文化在互联网世界中的延续。

由于互联网日趋深入人们的日常生活已是一个不可逆转的趋势，因此对于广播电视业来说，将互联网纳入自身的信息传播系统也是一条必由之路。早在20世纪90年代中期，世界上主要的广播电视机构便已开始了将全部或部分节目内容进行数字化转换并用于网络播放的工作。现在，人们已经可以毫不困难地通过互联网接触到世界上主要广播电视机构的节目内容，这无疑丰富了广播电视的信息传播渠道，扩大了广播电视媒体的社会影响力。但与此同时，随着网络传播技术的进一步发展，尤其是宽带互联网的普及，越来越多来自非传统广播电视行业的互联网使用者也加入了网络节目内容生产的队伍，他们将自身的身份从"受众"转变为"生产者"，而各类新兴的网络音视频平台则为其生产的内容提供了承载的空间。互联网世界里的视听内容在数量上进入了几何级增长的阶段，这一状况又不可避免地对传统广播电视媒体"一家独大"的人类视听传播格局构成了挑战。

　　总体而言，广播电视内容主要通过四种主要的平台或渠道实现网络传播，即传统广播电视网站、独立内容点播网站、音视频分享网站、音乐流媒体网站。

　　1. 传统广播电视网站

　　传统广播电视网站，是指由传统广播电视机构创办并为传统广播电视机构所有的网络广播电视内容播出平台。借助自身在内容生产领域积累的经验和名望以及坐拥大量版权节目资源的优势，传统广播电视机构纷纷通过自己创建的网站对自身拥有知识产权的节目进行网络播出或发售以寻求新的利润增长点，这是一种将互联网纳入广播电视节目发行渠道的行之有效的手段。

　　传统广播电视网站几乎是伴随着第一代互联网技术的普及诞生的。英国广播公司（BBC）早在1994年便开始将其在传统平台播出的广播电视节目上传至线上播放，后于1997年正式推出官方网站BBC Online（曾一度更名为BBC）。BBC Online是目前全世界范围内最为知名的传统广播电视节目网络播出平台之一，旗下集成了新闻、体育、节目点播、儿童节目以及教学类节目等各种内容服务，其中尤以2007年12月25日正式上线的广播电视节目点播服务BBC iPlayer最为知名，英国境内的用户可以通过多种终端，包括家用电脑和各式各样的移动上网设备，享用这项服务。从2011年2月开始，用户甚至可以使用BBC iPlayer检索英国其他电视台的节目，点击之后则会自动链接至相应的电视台网站。目前，用户可以通过iPlayer回看BBC在过去7～30天内播出的节目（根据节目类型和版权协议的不同而有差异），但大多数新闻视频则只在服务器上保存 24 小时。

BBC Online 如今已是 BBC 不可分割的一部分。2010 年的数据显示，该网站每个月总计收到 1.23 亿次点播请求，其中三分之一为电视节目点播，三分之一为电台节目点播；至 2012 年，全英国有 40% 的成年网络用户通过 BBC 的网站点播节目。不过，由于 BBC Online 的运营经费主要来自英国广播电视受众的收听收视费，故只有英国国内的 IP 地址可以通过 BBC iPlayer 点播收看完整的、无插播广告的电视节目；电台节目则大多无此限制，世界各地的听众均可对其点播收听。2011 年 7 月，BBC 推出国际版点播服务平台 BBC Globul iPlayer，面向 11 个西欧国家开放，这些国家的互联网用户可以通过该服务的 iPad 应用收看一定数量的含广告的节目，且需要付费。2015 年 5 月，BBC 宣布关闭其国际点播服务。

在美国，各大广播电视网也纷纷创建网络平台，提供节目点播服务，甚至推出专门的网络频道，进行专业化的网络节目生产，如哥伦比亚广播公司（CBS）于 2014 年 11 月 6 日推出的网络电视新闻频道 CBSN，迅速成了有线电视新闻频道的有力竞争对手，其收看方式也很便捷，用户只需使用任何一种合法的终端登录 CBSN 的官方网站，就可以看到该频道的节目。

作为一个新闻频道，CBSN 和其他传统电视新闻频道一样拥有自己固定的节目编排顺序和时间表；但与此同时，用户也可以通过其提供的点播服务收看 CBS 全国频道以往播出过的节目。至于老牌有线电视新闻频道 CNN，则早在 2005 年 12 月 5 日就曾推出在线节目播放与点播平台，但出于种种原因于 2007 年 6 月 27 日将其关闭，此后用户只能通过 CNN 官方网站的视频专区观看节目片段。2014 年 9 月 30 日，CNN 推出了新的网络点播平台 CNN Go，不过由于 CNN 是付费有线频道，故用户必须在登录界面输入自己作为其订户的用户名和密码，方能收看全部节目。

此外，美国著名的付费有线影视专业电视频道 HBO 曾先后于 2010 年 2 月 8 日和 2015 年 4 月 7 日推出了两个在线节目点播服务平台 HBO Go 和 HBO Now，前者可供 HBO 既有订户点播该电视频道播出过的节目，后者则是面向所有网络用户的付费点播平台，非 HBO 订户也能通过付费的方式点播观看 HBO 资料库中的节目。

不过，在美国影响力最大的传统广播电视网站当属成立于 2006 年的

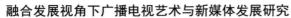

Hulu。该网站是由美国五大广播电视网中的三家合资公司（NBC、Fox 和 ABC）创办的，其持股比例分别为 32%、36% 和 32%。Hulu 的点播服务以传统电视平台播出的节目为主，用户可以通过家用电脑在上述三大电视网上对这些节目进行在线流媒体收看。此外，从 2010 年 11 月 17 日开始，该网站正式推出订阅服务，付费订户不但可以收看三大电视网正在播出的节目，而且可以点播以往播出过的节目。至 2015 年，Hulu 已经拥有近 900 万付费用户，收费标准有每月 7.99 美元和 11.99 美元两档，选择后面一档的用户观看的节目中无插播广告。一些著名的电视节目，如成人动画片《南方公园》，甚至选择 Hulu 为其独家网络播出平台。除提供传统广播电视节目的点播服务外，Hulu 从 2019 年成了重要的原创网络节目的制作与播出平台，至 2015 年底共播出了近 30 档原创网络节目，这些节目未在传统电视频道播出过。

在中国，依托传统广播电视机构创建的广播电视内容网站也有相当繁荣的发展，其中，中央电视台的中国网络电视台和湖南电视台的芒果 TV 等网络平台拥有较为深厚的大众影响力。

2. 独立内容点播网站

所谓独立内容点播网站，是指独立于传统广播电视机构之外的专业广播电视内容点播网站。这些网站不仅可通过购买版权的方式播出传统广播电视平台上播出过的节目，亦可播出其直接从节目制作者手中购买的节目或自制的节目，即网络节目。

与林林总总的传统广播电视机构网站相比，独立内容点播网站仍不多。目前全球范围内影响力最大的独立内容点播网站当属美国的 Netflix。该网站创办于 1998 年，最初从事全美范围内的影视 DVD 租借邮寄服务，从 2007 年开始转型成为在线视频内容供应商。2016 年 1 月的统计数据显示，该网站在全球 130 余个国家和地区拥有 7400 万付费订户，其中 4400 万来自美国，是目前世界上最大的 OTT 视频内容供应商之一。在点播内容上，Netflix 主要通过与美国国内众多传统影视制播机构，如电视网、有线电视台和制片公司等合作的方式来充实自己的资料库。目前与 Netflix 进行内容合作的传统电视网和有线电视台包括 NBC、CBS、ABC、Fox、HBO、TBS、TNT 等；而好莱坞的诸多著名制片公司，如华纳兄弟、迪士尼、皮克斯、梦工厂、索尼影业等，也与 Netflix 之间保持着不同类型的合作关系。

此外，Netflix 还集中力量发展自制节目，从 2013 年开始相继推出了一系列十分成功的网络剧，包括《纸牌屋》《女子监狱》《马可波罗》等，Netflix 正日渐成为美国继五大电视网之后一个新的具有全国性影响力的广播电视内容播出平台。

除电视节目点播网站外，广播节目点播网站也有一定程度的发展。2002 年创办于美国的 TuneIn 是目前全世界最大的广播节目网站之一，用户可以通过该网站收听世界各地超过 10 万家电台的节目以及超过 400 万个可供自由点播的音频节目。而总部位于中国上海的蜻蜓 FM 则通过与中国国内及海外数百个华语电台合作的方式，为中国的网络用户提供这些电台节目的集成式点播服务。

与传统广播电视网站相比，独立内容点播网站具有一个天然的劣势，那就是缺乏种类丰富的版权节目资料库的支持，因此不得不通过与传统广播电视机构展开合作的方式来获取使用其内容资源的权限，但这一劣势也在特定情况下转化成了广播电视和互联网音视频行业的一个新的增长点，那就是网站自制及网站独播节目的兴起。

3. 音视频分享网站

音视频分享网站指允许用户自行上传音视频内容并与全球用户共享服务的社交媒体网站，是如今的人们获取视听服务最主要的途径之一。音视频分享网站的内容除用户通过针对性访问收听收看外，还可借由链接分享的方式，借助 Twitter、Facebook、微博、微信等综合性社交平台，实现病毒式的扩散传播，是传统广播电视机构的"必争之地"。

目前全球最大的视频分享网站是成立于 2005 年 2 月 14 日，总部位于美国加州的 YouTube，其母公司则为全球搜索引擎巨头谷歌。早在 2009 年 5 月，便有媒体报道刚刚创立 5 年的 YouTube 已实现平均每天提供超过 20 亿个视频作品供人自由观看，其用户数是美国三大电视网黄金时段观众人数的近两倍；到了 2012 年 1 月，这一数字又翻了一番，变成 40 亿。根据 YouTube 于 2014 年底提供的数据，该网站目前总计拥有超过 10 亿用户，且这些用户每月观看 YouTube 视频所花费的时间正在以接近 50% 的速率逐年增长，平均每分钟就有超过 300 小时长度的视频被上传至 YouTube 服务器，而该网站在全球范围内共计拥有 61 种语言版本。照此看来，YouTube 已经成为全球范围内影响力最大的视频内容提供者之一。

　　与前面提到的两类网站不同，YouTube 是典型的社交媒体，其运作的核心理念体现于普通互联网用户的视频（也包括音频）内容生产和交换行为，而不仅仅是对传统形态的广播电视节目的放送或点播。因此，传统广播电视机构若要将 YouTube 作为一个新的节目传播渠道，也必须如同普通用户一样注册账号并自行上传作品，同时也要和其他用户一样确保自己上传的视频不违反现有的法律。目前，YouTube 并不会对用户上传的视频进行版权上的审查，但若哪位用户因上传非法内容而被版权持有者成功投诉超过三次，YouTube 会将该用户上传的所有视频一并删除。

　　此外，作为社交媒体的一种，用户之间的互动以及用户对视频所做的评论在 YouTube 所提供的服务中扮演了十分重要的角色。对于传统广播电视机构来说，以 YouTube 为代表的视频分享网站的主要功用在于扩大自身知名度以及吸引人们的关注，因此被其上传至 YouTube 的视频以节目片段，尤其是新闻节目的片段为主。此外，电影和电视剧的预告片在 YouTube 上也较为常见。值得一提的是，中国的一些传统广播电视机构将 YouTube 视为向海外华人提供节目服务的重要平台，故海外观众可以在 YouTube 上看到很多完整的中国电视节目。如中国唯一一个全国性电视节目制作行业协会中国广播电视协会电视制片委员会，就于 2013 年 6 月 24 日开设了 YouTube 官方账号，并相继上传了多部电视剧和电视纪录片。

　　在中国，视频分享网站从 2003 年开始经历了蓬勃发展的过程，目前拥有优酷网、爱奇艺等诸多实力雄厚、用户众多的知名平台。与美国的情况不同，中国的视频分享网站往往兼具多种经营特色，不但提供用户生成内容的播放与交流服务，也通过购买播放权的方式播出传统广播电视机构制作的节目，并参与网络原创节目的制作。因此，中国的视频网站更像 Netflix 与 YouTube 的集合体，这体现出中国广播电视业在体制和文化上与西方国家的不同。目前，除湖南卫视等少数播出机构外，绝大多数传统影视机构均将商业视频网站作为节目传播与发行的一个渠道。

　　需要注意的是，由于互联网本身的局限性以及宽带技术的不成熟，网上音视频的发展受到一定的阻碍。目前，许多音视频网站的运营商大多停留在为媒体提升形象的阶段，并没有真正进入市场运营层面，未能充分发挥其特有优势，对于网上音视频这个互联网新拓展的业务平台，音视频的运营商还未形成一定的商业运营机制，国家以及各相关部门出台的相应管理机制还不完善，使得网上音视频业务无法正常、稳定地开展。

在这个多媒体时代，广播电视与网络只有相互结合才能进一步发挥各自优势。广播电视媒体就是网上音视频发展的突破点。广播电视媒体在音视频信息内容提供方面有着得天独厚的优势，音视频技术、节目资源优势、渠道优势、用户基础、采编权利和原创信息，这些无不是其他网站所梦想的资源。个性化、交互式的音视频业务是广播电视媒体的发展方向。目前中国广电媒体网站音视频业务主要还是集中于对其母体节目的传播，较少考虑利用自己特有的资源优势，针对特定的受众群体提供各种服务。

4. 音乐流媒体网站

音乐流媒体网站是网络广播或播客的一种形式，其以近似电台广播的方式，为网络用户提供音乐内容播放服务。音乐流媒体网站的运作模式与 Netflix 等独立点播网站类似，主要通过与唱片公司或其他传统音像机构合作的方式，为用户提供规模庞大、品种繁多的音乐资料库，供用户点播收听。由于用户对于电台广播或音乐的接收总体呈现为一种伴随状态，故音乐流媒体网站比各类视频网站更强调对移动终端的支持。目前，音乐流媒体网站有两种主流的传播方式。

第一种为自由点播式，以总部位于瑞典的 Spoity 为代表。该网站成立于 2008 年 10 月 7 日，至 2016 年 1 月已拥有超过 1 亿活跃用户，其中包括 30 余万付费用户，服务范围涵盖绝大多数欧美国家。Spoity 为用户提供了十分丰富的曲库，供其自由点播收听；用户更可通过曲名、表演者、专辑名称、类型等关键词对曲库进行搜索。免费用户在点播时须同时接收广告信息，付费用户则不但可以免受广告打扰，而且能够收听高音质版本的音乐以及将音乐下载至终端离线收听。Spotify 在美国的收费标准是每个月 9.99 美元。

第二种为集成播放式。以美国的 Pandora Radio 为代表。该网站成立于 2000 年，其服务至 2016 年初覆盖美国、澳大利亚和新西兰三国。Pandora Radio 的用户不能对音乐进行自由点播，而只能根据自己对音乐类型和风格的欣赏偏好收听网站预先编排好的推荐曲目，接收方式与传统音乐电台十分相似。与此同时，用户可以从自己的收听体验出发，对网站推荐的曲目给出肯定或否定的反馈，网站则会根据用户的反馈对自己推送的曲目进行调整。

与 Spotify 不同，Pandora Radio 的绝大多数用户为免费用户，主要依靠广告收入赢利。在美国，Pandora Radio 的年收入占整个网络电台行业总收入的 78%，是全行业毋庸置疑的领军者。

二、新媒体技术在广播电视业的发展

（一）广播电视新媒体未来的发展趋势

在新时期，因为科学技术得以不断向前发展，广播电视新媒体在未来的发展过程中，必然呈现出一些新趋势、新变化，其中比较显著的趋势在于内容共享、媒介传播渠道的多样性等。通过对宽屏信息系统的检索，实现广播电视新媒体多重功能的互动，保证声音、图像等资料得以尽最大可能整合，是其中的典型变化，这种变化能够让大量节目内容得以以更快的速度、更宽的选择渠道供广大用户使用。

1. 资源共享

对于广播电视新媒体来说，内容资源共享是其首要发展趋势，在新时期多项技术得以快速发展的情况下，借助媒介整合的办法，保证新媒体资源共享是一种必然的选择。应当说，对于广播电视新媒体未来的发展而言，内容资源的核心资源特征不容抹杀，如果内容资源实现充分的丰富化，能够起到削弱渠道垄断的作用。广播电视新媒体在向前发展的过程中，利用合作整合的方式加以拓展，把新媒体纳入传统广播电视行业之中，实现紧密合作，是获取大量内容资源的绝佳方案。

2. 渠道融合

当前，对于广播电视业务而言，其所包含的种类是相当丰富的，这些业务正在从传统传播形式向现代的运用模式进行转变，由此导致了发展趋势的相互交融，也会因此造成不同业务间的技术融合、资源融合，以及用户群融合等，特别是渠道融合是一个不能忽略的发展趋势，三网融合也就是互联网、广播电视网、通信网的全面融合，会让各项业务产生良好的相通性效果，最终达到网络业务的统一化。

（二）广播电视新媒体未来发展趋势的应对策略

在新时期，对于广播电视新媒体来说，其应用和发展是问题和机遇并存的，问题在于内容同质化倾向显著，而且资源相对匮乏，盈利模式不足等，而因为资源共享和渠道融合优势趋势的存在，我们在激烈的竞争环境中，一定要采取与之相对应的发展策略，用以确保广播电视新媒体能够随时适应行业发展情况，以实现稳定健康发展。

1. 形成良好的氛围

对于广播电视新媒体从业者来说，需要借助充分的学习、交流、讨论、考察等活动，再加上足够的技术培训支持，在行业内部产生一种良好的学习与研究氛围。除此以外，还要对国际先进新媒体技术加以研究，从而寻求到新方法、新出路，在此过程中，对比分析新媒体和传统媒体间的差异也是极有必要的，二者的辩证关系梳理，将有效带动广播电视新媒体的理性进步。

2. 提高创新能力

现在我们处在"无网不行、无网不胜"的时代，而与此同时广播电视新媒体在内容加工方面则存在着能力不足的问题，特别是欠缺创新能力，为了改变这一问题，从业者需要充分聚集社会力量，将群体的创造能力发挥出来，力争使广播电视新媒体在内容资源方面得到丰富与充实。

3. 拓宽盈利渠道

广播电视新媒体在盈利模式方面的单一性问题不能不被考虑，改变这一问题的前提则是积极拓展广播电视行业的盈利空间，除了要给用户提供传统意义上的音频内容以外，还需要让产业链实现综合化，促进行业资源的深度融合，形成一个完善的信息共享平台，以期给用户提供更富专业化与个性化色彩的服务内容，从而满足盈利要求。

4. 推动三网融合

推动技术创新，带动三网融合是又一广播电视新媒体未来发展趋势的应对策略，为此我们需要引入国外先进经验，对我们国家的行业竞争机制加以完善，特别是更大量地引入那些实力及创新精神更强的企业，以从技术融合、资源融合，以及用户群融合等角度带动广电新媒体的发展进步。

参考文献

[1] 高红波.新媒体节目形态 [M].郑州：河南大学出版社，2013.

[2] 梁骞.广播电视数字新媒体技术 [M].赤峰：内蒙古科学技术出版社，2015.

[3] 李宇.传统电视与新兴媒体：博弈与融合 [M].北京：中国广播影视出版社，2015.

[4] 申启武.广播 4.0 时代的融合发展与理论创新 [M].广州：暨南大学出版社，2016.

[5] 何志武.重构："三网融合"对广播电视新闻传播的影响 [M].武汉：华中科技大学出版社，2016.

[6] 中国广播电影电视社会组织联合会，扬州广播电视台.创新与融合：城市广电媒体改革发展 [M].北京：中国广播影视出版社，2016.

[7] 王正明，陈洪友，余庆华.城市广播电视全媒体规程 [M].成都：西南交通大学出版社，2017.

[8] 段鹏，张君昌.融媒背景下中国广播影视发展趋势研究 [M].北京：中国传媒大学出版社，2017.

[9] 王文科.中国区域广电融合发展与创新传播 [M].北京：中国广播影视出版社，2017.

[10] 钟翠萍.融合之路：广东广播的实践和探索 [M].广州：暨南大学出版社，2017.

[11] 闫勇，李瑶.电视媒体融合发展的探索与实践 [M].北京：九州出版社，2018.

[12] 喇全梅，牛法雯.新媒体与广播电视的融合及对内容传播的影响 [J].传媒论坛，2018，1（18）：79.

[13] 郝婧婧.广播电视与新媒体融合发展的深度思考[J].传媒论坛，2018，1（22）：90-91.

[14] 徐曼.新媒体环境下的广播电视新闻的生存与发展[J].传媒论坛，2018，1（23）：117.

[15] 牛涛.广播电视与新媒体融合发展的路径研究[J].新闻研究导刊，2018，9（21）：246-247.

[16] 张雪蓉.广播电视在新媒体环境下的转型与发展探究[J].中国有线电视，2018（12）：1362-1364.

[17] 朗嘎卓玛.新媒体下广播电视媒体发展瓶颈及网络结合的措施分析[J].中国传媒科技，2018（12）：21-22.

[18] 田涛.新媒体时代传统媒体广播电视发展路径[J].中国传媒科技，2018（12）：23-24.

[19] 贾玉珍.如何利用新媒体推动广播电视媒体发展[J].西部广播电视，2018（21）：39.

[20] 孙灵.新媒体冲击下的广播电视发展路径研究[J].西部广播电视，2018（23）：75.

[21] 张丽青.广播电视传统媒体与新媒体融合的措施研究[J].西部广播电视，2019（23）：23-24.

[22] 程思思.融媒体时代广播电视传媒的创新发展[J].新闻传播，2019（23）：24-25.